The 바른 아랍어

저자 | 마나르 알사라흐네

The 바른
아랍어 STEP 1

초판인쇄	2015년 06월 10일
2 판 1 쇄	2023년 04월 05일

지은이	마나르 알사라흐네(Manar Alsarahneh)
펴낸이	임승빈
편집책임	정유항, 김하진
조판	디자인캠프
표지디자인	다원기획
마케팅	염경용, 이동민, 이서빈

펴낸곳	ECK북스
주소	서울시 마포구 창전로 2길 27 [04098]
대표전화	02-733-9950
홈페이지	www.eckbooks.kr
이메일	eck@eckedu.com
등록번호	제 2020-000303호
등록일자	2000. 2. 15

ISBN	979-11-6877-028-7
정가	20,000원

The 바른 아랍어

저자 | 마나르 알사라흐네

감사의 말

사람은 누구나 새로운 출발을 할 때가 있습니다. 하나의 성취가 작은 보람이 될 때는 더욱 그렇습니다. 이 작은 영광을 곁에서 보지 못하시는 어머니, 그 영전에 경건히 감사 올리며, 고국에 계시는 아버지의 깊은 은혜와 오늘을 위해 격려를 아끼지 않으셨던 가족들께 감사드립니다.

제자의 모든 활동에 늘 관심을 가지고 격려해 주시며 걱정도 많이 해주시는 장소원 교수님, 고국에서 가르쳐 주셨던 이인섭 교수님, 권현숙 교수님, 공일주 교수님, 김미강 교수님께 모두 감사의 말씀을 올립니다.

먼 타국에 와서 공부에 충실해야 하는 시기에 교재집필이라는 새롭고 어려운 도전에 욕심을 부리고 있던 저에게 기회를 주시고 믿어주신 ECK 교육의 플로리안 매니저님과 직원분들께 감사드립니다. 또, 늘 응원해 주시고 이런 좋은 경험을 하게 해 주신 이아름 선생님께 감사드립니다.

무엇보다 이 작업을 하면서 아낌없이 최선을 다해 저를 도와준 친구들에게 늘 감사하고 미안합니다. 특히 오사마, 사라, 할라, 무함마드, 사메르, 크리스티나, 샤스키, 코이카 친구들, 김서은에게 감사드립니다.

한 달이면 다 쓸 줄 알았는데, 10개월 동안 어학연수를 하는 것처럼 아랍어를 다시 처음부터 공부하게 되었습니다. 모국어이지만, 막상 왜 이렇게 쓰고 말하는지 설명하려니 어려웠던 부분이 있기도 했습니다. 이번 기회를 통해서 저도 많은 것을 배웠습니다.

한국인을 가르치는 아랍인으로서 한국인의 사고방식 및 교육방법에 맞는 교재를 만들고 싶었습니다. 아무쪼록 아랍어를 공부하고자 하는 많은 분들에게 도움이 되었으면 좋겠습니다.

다시 한번, 많은 도움 주신 분들께 감사드립니다.

저자 **마나르**

كَلِمَةُ شُكْر

أتقدمُ بِالشكر لكل من ساهم بإنجاح هذا الكتاب ومَن ساعدني في تصحيحه وتنقيحهِ. وأخص بالشكر صديقي أسامة عباس الذي ساهم في إظهار الكتاب بالشكل المناسب وفي تعديل وتصحيح الأخطاء الشائعة التي يقع فيها متحدثو اللغة العربية. شكرا جزيلا على كل الوقت الذي قدمته لي ولمساعدتي في إتمام الكتاب وتفادي جميع العوائق والمصاعب التي واجهتها خلال تأليفه.

أخص بالشكر أيضا أسرتي التي لم تتوانَ عن تقديم الدعم لي عن بُعد وتشجيعي على القيام بهذا العمل القيم. قدمت لي أسرتي أفضل هبة تربوية وهي تعليمي الاعتماد على نفسي والقيام بأعمالي على أكمل وجه وبشكل مثالي. شكراً أبي وأخوتي على كل ما قدمتموه لي من دعم معنوي.

أقدم هذا الكِتاب هدية لأمي الغالية رحمها الله كأول عمل باسمي. شكرا أمي الحبيبة على كل الخير والحب والتربية الصالحة والثقة التي زرعتها فيَّ.

أقدم الشكر أيضا لجميع أصدقائي في كوريا الذين لم يترددوا في تقديم الدعم النفسي لي، أشكر سامر وعبيروناجي ومحمد البوشيخي وهالة وكريستينا وتشاسكي على رقي أخلاقهم وصداقتهم الثمينة.

اعتقدت أن تعليم اللغة الأم التي أتحدثها(العربية) أمرٌ سهل ، لكن وخلال تجاربي في تعليمها في كوريا أدركت أنه من الصعب جدا تعليم اللغة التي تتحدثها وتفسير ظواهرها للأجانب، وساعدني في ذلك كثيرا أساتذتي في قسم اللغة الكورية في جامعة سيول، فقد أصبحت ملمة بكل المصطلحات اللغوية التي قد أحتاجها لتفسير الظواهر النحوية للكوريين بأسهل وأبسط طريقة. شكرا لأستاذتي العزيزة جانغ سو وون ولكل من علمني حرفا باللغة الكورية.

يعتبر هذا الكتاب كتابًا تعليميًا لكن في الواقع تعلمت الكثير أثناء تأليفه ولذلك أتمنى أن يكون مرجعًا قيمًا لمتعلمي اللغة والثقافة العربية من الكوريين.

المُؤَلفَة **مَنَار فاروق السَّرَاحْنَة**

The 바른 아랍어 STEP 1

목 차

목 차

이 책의 구성과 특징

The 바른 아랍어 STEP 1은 아랍어를 처음 배우는 학습자를 대상으로 한 교재로, 내용은 크게 세 부분으로 나눌 수 있습니다.

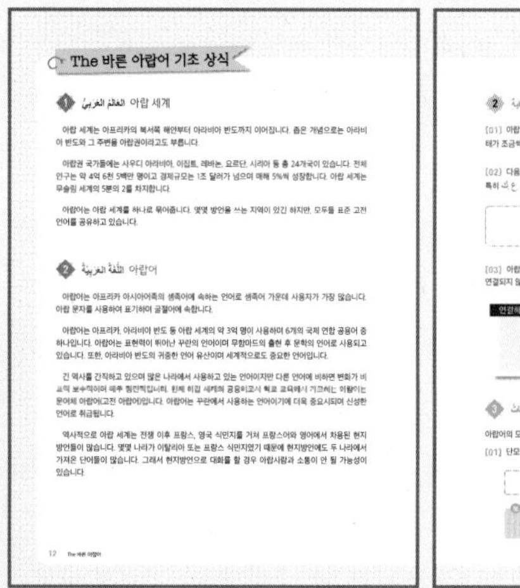

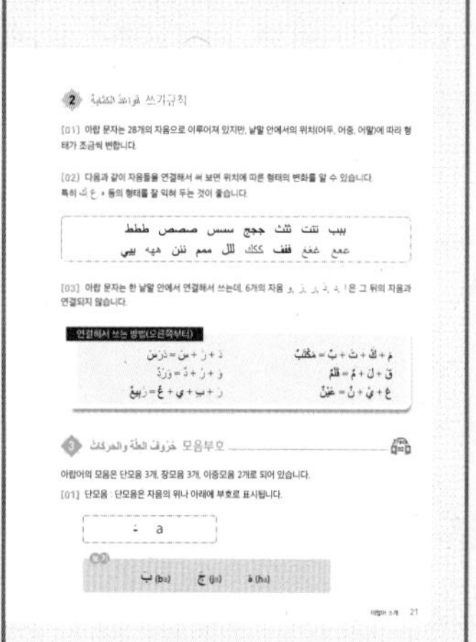

교재 1부에서는 아랍 세계와 아랍어에 대한 기초 지식을 익히고, 자음 · 모음을 비롯한 아랍어 읽기 및 쓰기를 단계적으로 학습할 수 있도록 구성하였습니다. 아랍어는 한국어와 달리 오른쪽부터 문장을 쓰며 어순도 다를 뿐만 아니라 각 알파벳이 단어의 어디에 위치하느냐에 따라 그 모양이 달라지기 때문에 본격적인 회화 공부에 앞서 배울 것들이 많습니다.

충분한 시간을 투자하여 아랍어의 기초를 튼튼히 할 수 있도록, The 바른 아랍어 STEP 1 교재에서는 쓰기 교본 워크북을 별도로 제공해 드리고 있습니다.

2부에서는 회화 중심의 학습 내용을 통해 말하기와 문법, 어휘 그리고 아랍 문화에 대한 상식까지 체계적인 학습이 가능하도록 알차게 구성하였습니다.

회화 본문은 실생활에서 자주 쓰는 문장들 위주로 표준 아랍어에 맞춰 준비하였습니다. 그리고 보다 효율적인 학습을 위해 기초 문법 사항들에 대한 요점 설명이 제공됩니다.

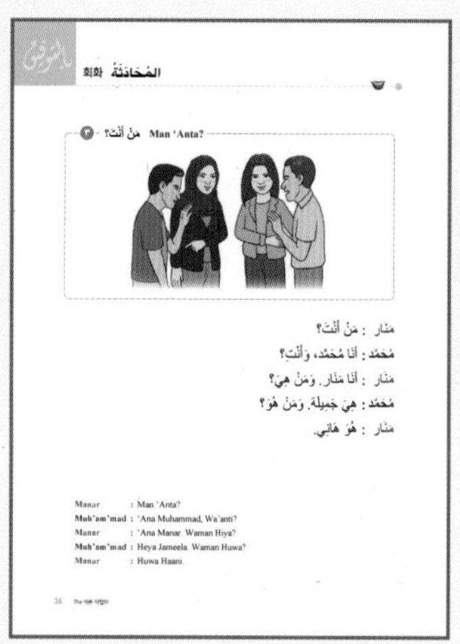

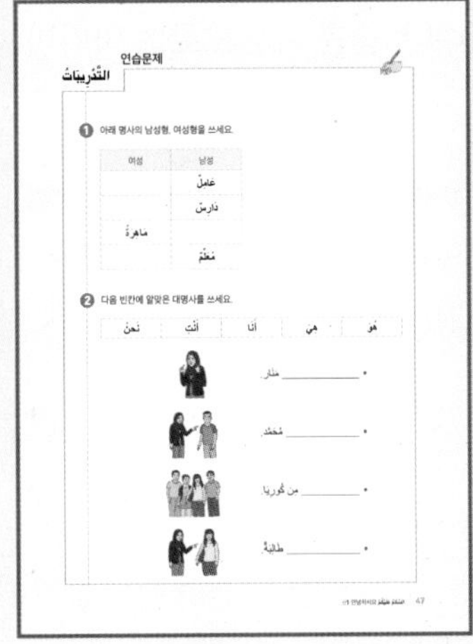

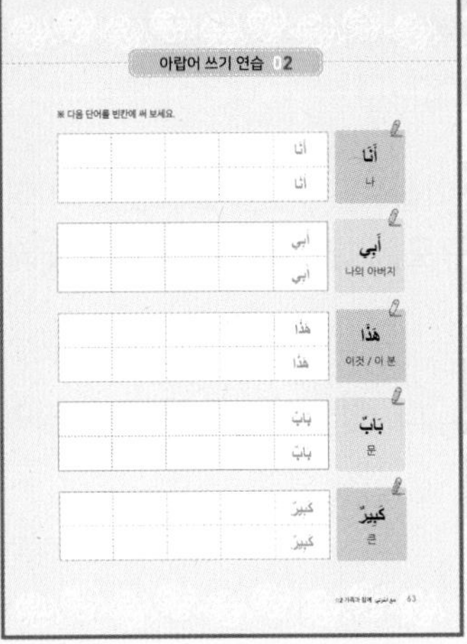

매 과의 마지막에는 쓰기 연습을 위해 단어 쓰기 섹션도 추가하였습니다. 연습문제에서는 각 과에서 배운 내용을 종합적으로 체크해 볼 수 있습니다.

The 바른 아랍어 STEP 1은 4 skills (말하기, 듣기, 쓰기, 읽기)에 맞춘 아랍어 교재가 부족한 국내 사정을 감안하여, 이 4가지 영역을 골고루 학습할 수 있도록 구성하였습니다.

매 과의 학습이 끝난 후에는 아랍 문화에 대해 알아보는 시간을 가져 보세요.

아랍 국가들 간에 서로 문화가 비슷하고, 같은 종교 및 언어를 공유하기는 하지만, 조금씩 차이점이 있기도 합니다.

아랍 문화를 제대로 알고 이해하는 게 언어를 배우는 데에도 도움이 될 것입니다.

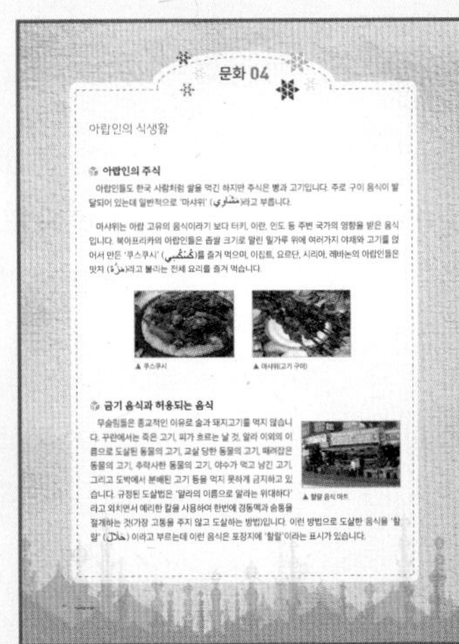

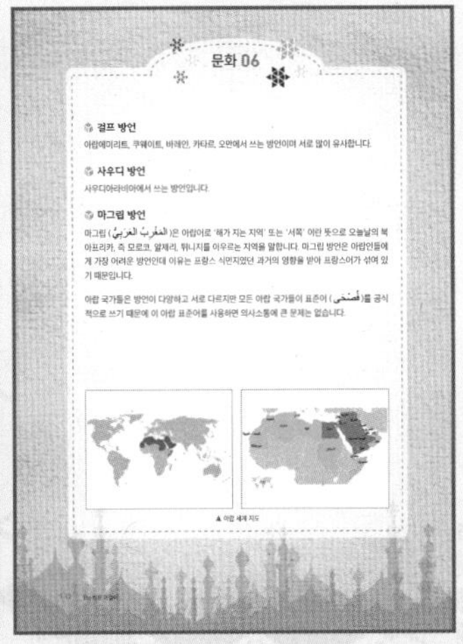

마지막으로, 부록에 해당하는 3부에서는 연습문제 정답 및 단어집을 준비하였습니다.

The 바른 아랍어 STEP 1 교재는 처음 아랍어를 배우는 학습자들에게 필수적인 내용들로 구성되었습니다. 아랍어 입문서로서 든든한 디딤돌이 될 본 교재와 함께, 신비롭고 매력적인 아랍어의 세계를 경험해 보세요!

The 바른 아랍어 기초 상식

1 الْعَالَمُ الْعَرَبِيُّ 아랍 세계

아랍 세계는 아프리카의 북서쪽 해안부터 아라비아 반도까지 이어집니다. 좁은 개념으로는 아라비아 반도와 그 주변을 아랍권이라고도 부릅니다.

아랍권 국가들에는 사우디 아라비아, 이집트, 레바논, 요르단, 시리아 등 총 24개국이 있습니다. 전체 인구는 약 4억 6천 5백만 명이고 경제규모는 1조 달러가 넘으며 매해 5%씩 성장합니다. 아랍 세계는 무슬림 세계의 5분의 2를 차지합니다.

아랍어는 아랍 세계를 하나로 묶어줍니다. 몇몇 방언을 쓰는 지역이 있긴 하지만, 모두들 표준 고전 언어를 공유하고 있습니다.

2 اللُّغَةُ الْعَرَبِيَّةُ 아랍어

아랍어는 아프리카 아시아어족의 셈족어에 속하는 언어로 셈족어 가운데 사용자가 가장 많습니다. 아랍 문자를 사용하여 표기하며 굴절어에 속합니다.

아랍어는 아프리카, 아라비아 반도 등 아랍 세계의 약 3억 명이 사용하며 6개의 국제 연합 공용어 중 하나입니다. 아랍어는 표현력이 뛰어난 꾸란의 언어이며 무함마드의 출현 후 문학의 언어로 사용되고 있습니다. 또한, 아라비아 반도의 귀중한 언어 유산이며 세계적으로도 중요한 언어입니다.

긴 역사를 간직하고 있으며 많은 나라에서 사용하고 있는 언어이지만 다른 언어에 비하면 변화가 비교적 보수적이며 매우 점진적입니다. 현재 아랍 세계의 공용어로서 학교 교육에서 가르치는 아랍어는 문어체 아랍어(고전 아랍어)입니다. 아랍어는 꾸란에서 사용하는 언어이기에 더욱 중요시되며 신성한 언어로 취급됩니다.

역사적으로 아랍 세계는 전쟁 이후 프랑스, 영국 식민지를 거쳐 프랑스어와 영어에서 차용된 현지 방언들이 많습니다. 몇몇 나라가 이탈리아 또는 프랑스 식민지였기 때문에 현지방언에도 두 나라에서 가져온 단어들이 많습니다. 그래서 현지방언으로 대화를 할 경우 아랍사람과 소통이 안 될 가능성이 있습니다.

3 تَرتِيبُ الجُمْلَةِ 어순

어순은 **동사** - 주어 - 목적어(VSO)의 순입니다.

أَكَلَ الطَّالِبُ الطَّعَامَ
목적어
주어
동사
오른쪽부터
학생이 밥을 먹었다 → 먹었다 학생이 밥을

 خَصَائِصُ اللُّغَةِ العَرَبِيَّةِ 아랍어 특징

아랍어와 한국어의 차이점은 다음과 같습니다.

- 아랍어는 숫자를 제외하고 오른쪽부터 표기하는 언어입니다.
- 아랍어의 '수'는 단수, 양수(쌍수), 복수로 구분됩니다.
- 아랍어는 남성형과 여성형을 구분하여 사용합니다. 단, 남성과 여성이 함께 있는 자리에서 남녀 모두를 지칭할 때는 대표성인 남성형을 사용합니다.
- 모음의 수가 적고 자음의 발음 기관이 다양하여 거칠게 들리기도 합니다. 또 혀를 많이 움직여야하는 발음이 있어서 아랍어의 발음은 한국어 발음보다 거칠고 굵게 들립니다.
- 전치사를 사용합니다.
- 수식어가 피수식어 뒤에 옵니다.
- 의문사가 문두에 옵니다.
- 형용사가 부사 앞에 옵니다.
- 숫자가 명사 앞에 옵니다.

5 الأَزْمِنَةُ 아랍어 시제

간단하게 설명하면 아랍어는 과거, 현재, 미래형이 있습니다. 각각 형식과 활용하는 방법이 있습니다. 예를 들면 동사 '먹다'의 과거형은 أَكَلَ, 현재형은 يَأكُلُ, 미래형은 سَيَأْكُلُ가 됩니다.

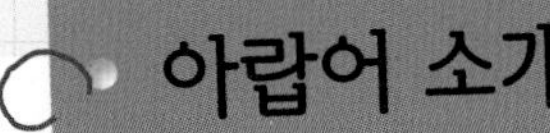

아랍어 소개

1 حُرُوفُ اللُّغَةِ العَرَبِيَّة 아랍문자

알파벳명	독립형	발음설명(영단어예시)	문두형	어중형	어말형	발음기호
ālif 알리프	أ	Apple의 A	أ	ـا	ـا	ā
bā' 바:	ب	Baby의 B	بـ	ـبـ	ـب	b
tā' 타:	ت	Tree의 T	تـ	ـتـ	ـت	t
thā' 싸:	ث	Theory의 Th	ثـ	ـثـ	ـث	th
jim 쥠	ج	Jar의 J	جـ	ـجـ	ـج	j
hā' 하:	ح	H와 비슷하지만 힘을 빼듯 발음	حـ	ـحـ	ـح	h
khā' 카:	خ	바흐(Bach)와 같은 Ch발음	خـ	ـخـ	ـخ	kh
dāl 달	د	Dad와 같은 D발음	د	ـد	ـد	d
dhāl 달	ذ	The와 같은 Th발음	ذ	ـذ	ـذ	dh,/ð/
rā' 라:	ر	Ram과 같은 R발음	ر	ـر	ـر	r
zāy 자이	ز	Zoo와 같은 Z발음	ز	ـز	ـز	z
sin 씬:	س	See와 같은 S	سـ	ـسـ	ـس	s
shin 쉰	ش	She와 같은 Sh	شـ	ـشـ	ـش	sh
sād 써:드	ص	Sad와같은 S이지만 둔탁하게 발음	صـ	ـصـ	ـص	s
dād 더:드	ض	Dead의 D와 같지만 둔탁하게 발음	ضـ	ـضـ	ـض	d
tā' 따:	ط	Table의 T와 같지만 둔탁하게 발음	طـ	ـطـ	ـط	t

알파벳명	독립형	발음설명(영단어예시)	문두형	어중형	어말형	발음기호
ẓā 자:	ظ	Zorro의 Z와 유사하지만 둔탁하고 약간 힘을 빼듯 발음	ظـ	ـظـ	ـظ	ẓ
ain 아인	ع	A'li의 /Ali/와 유사	عـ	ـعـ	ـع	'
ghain 가인	غ	Ghandi의 Gh	غـ	ـغـ	ـغ	gh
fā 파:	ف	Fool의 F	فـ	ـفـ	ـف	f
qāf 까:프	ق	Queen과 같은 Q이지만 ㄲ소리에 가까움	قـ	ـقـ	ـق	q
kāf 카:프	ك	Kate의 K	كـ	ـكـ	ـك	k
lām 람	ل	Love의 L	لـ	ـلـ	ـل	l
mim 밈	م	Moon의 M	مـ	ـمـ	ـم	m
nun 눈	ن	Noon의 N	نـ	ـنـ	ـن	n
hā 하:	ه	He의 H	هـ	ـهـ	ـه	h
wāw 와:우	و	Waw(와우)!와 같은 외침의 W	و	ـو	ـو	w (aw, au, u)
yā 야:	ي	You와 같은 Y	يـ	ـيـ	ـي	y (ay, ai, ī)
[1]hamza 함자	ء أ إ أ		أ، ؤ	ـئـ	ئ	

[1]함자는 단독으로도 표기되지만 ا의 위나 아래에, 그리고 و와 점 없는 ى의 위에 쓰입니다.

✱ 아랍어 자음과 따라 쓰기연습 ✱

알리프 **ālif** '아' 발음이기는 하지만 목 깊은 곳에서 내며 탁탁 끊기는 소리. 토끼 أَرْنَبٌ

바 **bā** 영어 b 발음과 유사. 문 بَابٌ

타 **tā** 영어의 t 발음과 유사. 사과 تُفَّاحٌ

싸 **thā** 영어의 th 발음으로 혀를 깨물어 내는 소리. 여우 ثَعْلَبٌ

쥠 **jim** 영어의 j와 발음이 유사. 당근 جَزَرٌ

하 hā 목 깊은 곳에서 내는 소리. 유리창에 입김 불 때 내는 소리와 유사. 말 حِصَانٌ

ح

카 khā 목 깊은 곳에 걸린 가시를 빼듯이 내는 소리. 양 خَرُوفٌ

خ

달 dāl 영어의 d와 비슷해 쉬운 발음. 닭 دَجَاجَةٌ

د

달 dhāl d 발음이기는 하나 혀를 깨물어 내는 d 소리. this, that 등의 발음과 유사. 늑대 ذِئْبٌ

ذ

라 rā 영어의 r 발음과는 다르며 혀를 또르륵 굴리며 내는 소리. 남자 رَجُلٌ

ر

자이 zāy 영어의 z와 유사. 기린 زَرَافَةٌ

ز

씬 sin 영어의 s와 유사. 침대 سَرِيرٌ

س

쉰 shin 영어의 sh와 유사. sheep, she 등의 발음과 유사. 길 شَارِعٌ

ش

써드 sād

입안의 공간을 넓게 확보하여 혀를 접시처럼 깔고 소리를 내는 둔탁한 s 발음. 상자 صُنْدُوقٌ

ص

더드 dād

입안의 공간을 넓게 확보하여 혀를 접시처럼 깔고 소리를 내는 둔탁한 d 발음. 안개 ضَبَابٌ

ض

따 ṭā

입안의 공간을 넓게 확보하고 입을 좌우로 살짝 찢어 내는 발음. 한글의 ㄸ과 유사. 남학생 طَالِبٌ

ط

자 ẓā 입 안의 공간을 넓게 확보하고 '자'를 약간 힘을 빼듯 내는 소리. 봉투 ظَرْفٌ

ظ

아인 ain 배에 힘을 주며 목 깊은 곳에서 내는 '아' 소리. 포도 عِنَبٌ

ع

가인 ghain 가글할 때 내는 소리와 유사. 구름 غَيْمَةٌ

غ

파 fā 영어의 f와 유사. 과일 فَاكِهَةٌ

ف

까프 qāf 혀뿌리로 목구멍을 막았다 탁 트여주며 내는 ㄲ 소리. 펜, 연필 قَلَمٌ

ق

카프 kāf 영어의 k와 유사. 책 كِتَابٌ

ك

람 lām 영어의 l과 유사. 칠판 لَوْحٌ

ل

밈 mim 영어의 m과 유사. 학교 مَدْرَسَةٌ

م

눈 nun 영어의 n과 유사. 강 نَهْرٌ

ن

하 hā 한글의 ㅎ과 유사. 전화기 هَاتِفٌ

ه

와우 wāw 영어의 wow 발음과 유사. 꽃 وَرْدَةٌ

و

야 yā 한글의 '야' 발음과 유사. 손 يَدٌ

ي

2 قَوَاعِدُ الكِتَابَةِ 쓰기규칙

[01] 아랍 문자는 28개의 자음으로 이루어져 있지만, 낱말 안에서의 위치(어두, 어중, 어말)에 따라 형태가 조금씩 변합니다.

[02] 다음과 같이 자음들을 연결해서 써 보면 위치에 따른 형태의 변화를 알 수 있습니다.
특히 ك, ع, ه 등의 형태를 잘 익혀 두는 것이 좋습니다.

ببب تتت ثثث ججج سسس صصص ططط

ععع غغغ ففف ككك للل ممم ننن ههه ييي

[03] 아랍 문자는 한 낱말 안에서 연결해서 쓰는데, 6개의 자음 و, ز, ر, ذ, د, ا 은 그 뒤의 자음과 연결되지 않습니다.

연결해서 쓰는 방법(오른쪽부터)

مَ + كْ + تَ + بٌ = مَكْتَبٌ

قَ + لَ + مٌ = قَلَمٌ

عَ + يْ + نٌ = عَيْنٌ

دَ + رَ + سَ = دَرَسَ

وَ + رْ + دٌ = وَرْدٌ

رَ + بِ + ي + عٌ = رَبِيعٌ

حُرُوفُ العِلَّةِ والحَرَكَاتُ 모음부호

아랍어의 모음은 단모음 3개, 장모음 3개, 이중모음 2개로 되어 있습니다.

[01] 단모음 : 단모음은 자음의 위나 아래에 부호로 표시됩니다.

ـَ a

보기

بَ (ba) جَ (ja) هَ (ha)

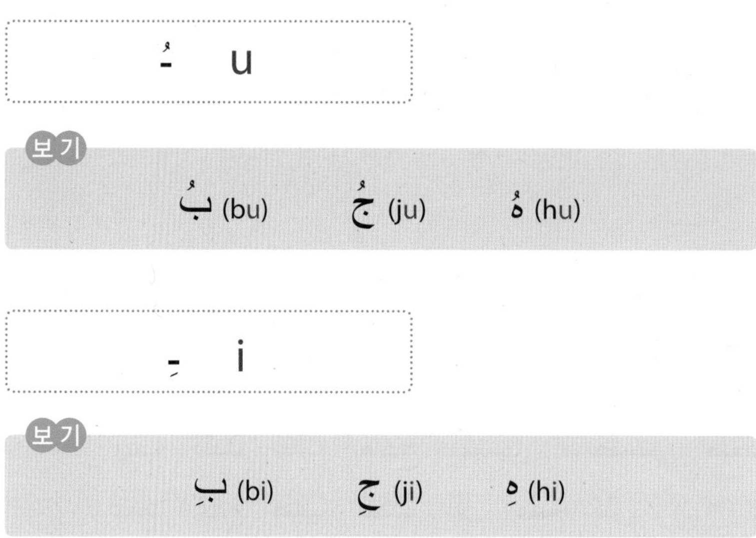

ـُ u
보기
بُ (bu) جُ (ju) هُ (hu)
ـِ i
보기
بِ (bi) جِ (ji) هِ (hi)

[02] 장모음 : 장모음은 단모음 부호에 각각 (ي, و, ا) 를 붙여서 나타납니다.

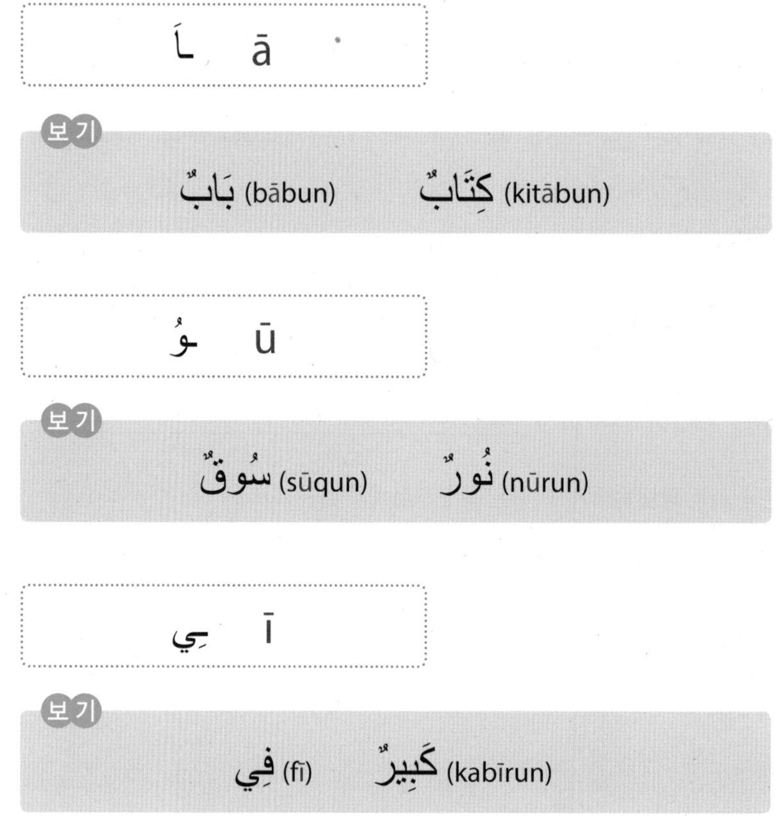

[03] 이중모음 : 이중모음은 ـَ(a) 모음에 각각 ي(y)와 و(w)를 붙여서 나타납니다.

ـَيْ ay
보기
بَيْتٌ (baytun) خَيْرٌ (khayrun)
ـَوْ aw
보기
قَوْلٌ (qawlun) لَوْنٌ (lawnun)

4 الحَرَكَاتُ 발음부호

[01] 무모음 부호 : 수쿤 (ـْ : السُّكُونُ) : 해당 자음에 모음이 없다는 것을 나타냅니다.

보기

حَمْدٌ (hamdun) مِنْ (min)

[02] 겹자음 부호 : 샫다 (ـّ : الشَّدَّةُ) : 같은 자음이 겹쳐서 두 번 발음 되는 것을 나타냅니다.

보기

جَدٌّ (jaddun) مُحَمَّدٌ (muhammadun)

[03] 연음 부호 : 맏다 (آ : المَدَّةُ) : أ 의 ء가 탈락되고 ~ 라는 부호가 붙어 장모음 ā로 발음되는 것을 나타냅니다.

보기

قُرآنٌ (Qur'aanun) آنِسَةٌ ('Aanisatun)

[04] 단음화 알리프 : 알리프 마끄수라 (ـَى : الألِفُ المَقصُورةُ) : 낱말 끝에서 장모음 ā를 나타냅니다.

보기

إلَى (lilā)　　　لَيْلَى (laylā)

[05] N음 부가: 탄윈 التَّنْوِينُ : ـٌ (-un, 주격), ـًا (-an, 목적격), ـٍ (-in, 소유격) : 명사나 형용사의 격모음에 오는 n 발음을 말합니다. 격모음은 주격에는 un, 목적격에는 an, 소유격에는 in을 붙입니다.

보기

قَلَمٌ (qalamun)　　　قَلَماً (qalaman)　　　قَلَمٍ (qalamin)

※ 요즘 아랍 사람들이 글을 쓰거나 말할 때 탄윈을 안 쓰는 습관이 있습니다. 예를 들어 Madrasatan, Madrasatin, Madrasatun이라고 하는 것보다 Madrasa를 흔히 들을 수 있습니다. 문장의 맨 끝의 단어나, 단어 뒤에 쉼표(,)가 올 때는 탄윈을 발음하지 않는 것이 자연스럽습니다.

탄윈 안(-an) : ـًا , ـً : تَنْوِينُ الفَتْحِ : 주격, 목적격, 소유격 탄윈 중에 목적격 탄윈은 대체로 발음이 되지 않는 ا (ālif)를 붙여 ـًا (-an)과 같이 써주지만 아래와 같은 경우에는 ا (ālif)를 쓰지 않고 ـً 와 같이 문자 위에 탄윈을 표시해 줍니다.

- 단어가 함자로 끝났을 때 : سَمَاء → سَمَاءً
- 단어가 문자 알리프 (ـأ) 로 끝났을 때 : مُبْتَدَأ → مُبْتَدَأً
- 단어가 (ـة) 로 끝났을 때 : مَدْرَسَة → مَدْرَسَةً
- 단어가 (ـا) 혹은 (ـى) 로 끝났을 때 : عَصَا → عَصًا

[06] 함자 الهَمْزَةُ : 앞서 배운 첫 알파벳 알리프-함자에서 알리프와 함자는 따로 쓰일 때가 있습니다. 함자가 단독으로 쓰일 수도 있고, ا 알리프, و 와우를 받침으로 쓰거나 ـئ 와 같은 형태로 오기도 합니다. 보통 제일 처음 오는 함자는 ا 알리프를 받침으로 가집니다. 그러나 함자가 단어 중간에 들어간다면 선행 모음에 따라 받침이 달라집니다.

보기

ء = فَضَاءٌ	/ Fad'aa'un /	우주	
أ = أَبٌ	/ 'Abun /	아버지	
ؤ = لُؤْلُؤَةٌ	/ Luu'luu'atun /	진주	
ئ = سَائِقٌ	/ Saa'iqun /	운전사	
ئـ = دافِئٌ	/ Daafi'iun /	따뜻한	

5 اللَّامُ الشَّمْسِيَةُ و اللَّامُ القَمَرِيَةُ 태양문자와 월문자

아랍어의 관사는 اَلْ 입니다. 아랍문자 중에서 관사의 ل 을 발음하는 문자를 월문자라고 하고, ل 에서 '아-'와 그 다음 문자의 자음과 동화시켜서 발음하는 문자를 태양문자라고 합니다. ل 은 태양문자에 동화되고 그 태양문자에 샷다 (ـّـ)를 붙여서 발음합니다.

보기

태양문자

اَلْ + شَمْسٌ ← اَلشَّمْسُ

(Al+shamsun) → (Ash-shamsu)

월문자

اَل + قَمَرٌ ← اَلْقَمَرُ

(Al+qamarun) → (Al-qamaru)

태양문자

ش	ت
ص	ث
ض	د
ط	ذ
ظ	ر
ل	ز
ن	س

6 تَدرِيبَاتُ الكِتابَةِ والنُّطْقِ 아랍어 발음과 쓰기 연습

[01] 알파벳 쓰기 연습

ا

ب

ت

ث

ج

ح

خ

د

ذ

ر

ز

						س
						ش
						ص
						ض
						ط
						ظ
						ع
						غ
						ف
						ق
						ك
						ل

[02] 연결해서 쓰기 연습

다음 단어를 보기와 같이 써 보세요.(정답은 p.243)

보기

كِ + تَ + ا + بٌ = كِتَابٌ

1. أَ + رْ + ضٌ = (땅, 지구)
2. بَ + ا + بٌ = (문)
3. تَ + مْ + رٌ = (대추)
4. ثَ + عْ + لَ + بٌ = (여우)
5. جَ + مَ + لٌ = (낙타)
6. حِ + مَ + ا + رٌ = (당나귀)
7. خَ + رِ + ي + طَ + ةٌ = (지도)

8. دَ + جَ + ا + جٌ = (닭) ....

9. ذَ + هَ + بٌ = (황금) ....

10. رَ + جُ + لٌ = (남자) ....

11. زُ + جَ + ا + جٌ = (유리) ....

12. سَ + ا + عَ + ةٌ = (시계) ....

13. شُ + بَّ + ا + كٌ = (창문) ....

14. صَ + قْ + رٌ = (매) ....

15. ضَ + ا + بِ + طٌ = (장교) ....

16. طِ + فْ + لٌ = (아이) ....

17. ظَ + رْ + فٌ = (봉투) ....

18. عَ + يْ + نٌ = (눈) ....

19. غُ + يُ + و + مٌ = (구름) ....

20. فِ + ي + لٌ = (코끼리) ....

21. قَ + لْ + بٌ = (마음/심장) ....

22. كِ + تَ + ا + بٌ = (책) ....

23. لُ + عْ + بَ + ةٌ = (게임, 장난감) ....

24. مِ + فْ + تَ + ا + حٌ = (열쇠) ....

25. نَ + ا + رٌ = (불) ....

26. هَ + ا + تِ + فٌ = (전화) ....

27. وَ + رْ + دَ + ةٌ = (꽃) ....

28. يَ + دٌ = (손) ....

[03] 태양문자와 월문자 익히기

Track 04

태양문자와 월문자를 익혀 발음해 보세요.

태양문자

اَلْ +

ت ث د ذ ر
ز س ش ص
ض ط ظ ل ن

- ال + شَجَرٌ = الشَّجَرُ 나무(집합명사)
- ال + تَمْرٌ = التَّمْرُ 대추
- ال + صَبَاحٌ = الصَّبَاحُ 아침
- ال + ثَمَنٌ = الثَّمَنُ 가격
- ال + ضَابِطٌ = الضَّابِطُ 장교
- ال + دَرْسٌ = الدَّرْسُ 과
- ال + طَرِيقٌ = الطَّرِيقُ 길
- ال + ذَيْلٌ = الذَّيْلُ 꼬리
- ال + ظُهْرٌ = الظُّهْرُ 낮
- ال + رَجُلٌ = الرَّجُلُ 남자
- ال + لُغَةٌ = اللُّغَةُ 언어
- ال + زَيْتٌ = الزَّيْتُ 기름
- ال + نُورٌ = النُّورُ 빛
- ال + سَلَامٌ = السَّلَامُ 평화

월문자

أ ب ج ح خ
ع غ ف ق ك
م ه و ي

\+ اَلْ

- ال + فَصْلٌ = الفَصْلُ 학기 / 계절
- ال + قَلَمٌ = القَلَمُ 펜 / 볼펜
- ال + كِتَابٌ = الكِتَابُ 책
- ال + مَاءٌ = المَاءُ 물
- ال + هَوَاءٌ = الهَوَاءُ 공기
- ال + وَرْدٌ = الوَرْدُ 꽃
- ال + يَدٌ = اليَدُ 손
- ال + أَبٌ = الأَبُ 아버지
- ال + بَابٌ = البَابُ 문
- ال + جَبَلٌ = الجَبَلُ 산
- ال + حَبْلٌ = الحَبْلُ 밧줄
- ال + خُبْزٌ = الخُبْزُ 빵
- ال + عِرَاقٌ = العِرَاقُ 이라크
- ال + غَدِيرٌ = الغَدِيرُ 냇물

표기법

1 자음 표기법

독립형	표기법	독립형	표기법	독립형	표기법	독립형	표기법
أ	'a	د	d	ض	d'	ك	k
ب	b	ذ	dh	ط	t'	ل	l
ت	t	ر	r	ظ	th'	م	m
ث	th	ز	z	ع	'	ن	n
ج	j	س	s	غ	gh	ه	h
ح	h'	ش	sh	ف	f	و	w
خ	kh	ص	s'	ق	q	ي	y

2 모음 표기법

[01] 단모음

ـَ	a
ـُ	u
ـِ	i

[02] 장모음

ـَا	aa
ـُو	ou
ـِي	ee

[03] 이중모음

ـَيْ	ay
ـَوْ	aw

01 안녕하세요

السَّلَامُ عَلَيْكُمْ

학습목표 الأَهْدَافُ

- الضَّمَائِرُ الْمُنْفَصِلَةُ 독립형 인칭대명사
- الِاسْمُ، الْمُذَكَّرُ وَالْمُؤَنَّثُ 명사 및 명사의 성
- التَّحِيَّةُ 인사
- التَّعْرِيفُ بِالنَّفْسِ 자기소개

회화 المُحَادَثَةُ

١ السَّلَامُ عَلَيْكُمْ Assalamu Alaykum

Track 05

مَنَار : السَّلَامُ عَلَيْكُمْ

مُحَمَّد : وَعَلَيْكُمُ السَّلَامُ.

مَنَار : أنَا مَنَار.

مُحَمَّد : وَأنَا مُحَمَّد.

مَنَار : فُرْصَةٌ سَعِيدَةٌ.

مُحَمَّد : فُرْصَةٌ سَعِيدَةٌ.

Manar : Assalaamu Alaykum.
Muh'am'mad : Wa'alaykum Assalaam.
Manar : 'Ana Manar.
Muh'am'mad : Wa'ana Muhammad.
Manar : Furs'atun Sa'eedatun.
Muh'am'mad : Furs'atun Sa'eedatun.

٢ كَيْفَ الحَالُ؟ Kayfa Al-H'alu?

مَنَار : صَبَاحَ الخَيْرِ.

جَمِيلَة : صَبَاحَ النُّورِ.

مَنَار : كَيْفَ الحَالُ؟

جَمِيلَة : بِخَيْرٍ، الحَمْدُ لِله. وَأنتِ؟

مَنَار : بِخَيْرٍ والحَمْدُ لِله.

Manar : S'abaah'a Alkhayri.
Jameela : S'abaah'a Annouri.
Manar : Kayfa Alh'aalu?
Jameela : Bikhayrin, Alh'amdu Lillaahi. Wa'anti?
Manar : Bikhayrin Walh'amdu Lillaahi.

회화 المُحَادَثَة

٣ مَنْ أَنْتَ؟ Man ‘Anta?

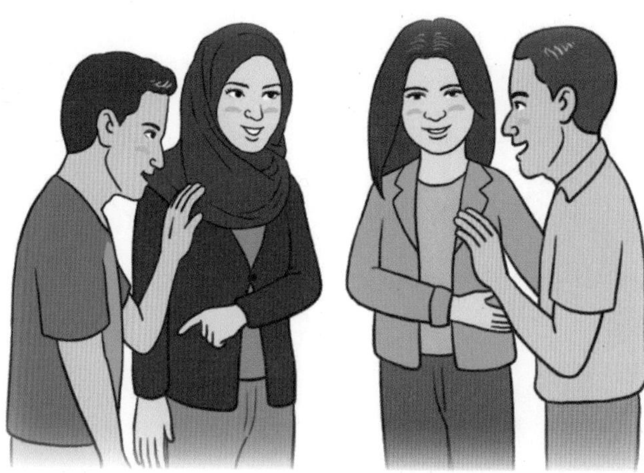

مَنَار : مَنْ أَنْتَ؟

مُحَمَّد : أنَا مُحَمَّد، وَأَنْتِ؟

مَنَار : أنَا مَنَار. وَمَنْ هِيَ؟

مُحَمَّد : هِيَ جَمِيلَة. وَمَنْ هُوَ؟

مَنَار : هُوَ هَانِي.

Manar	:	Man ‘Anta?
Muh’am’mad	:	‘Ana Muhammad, Wa’anti?
Manar	:	‘Ana Manar. Waman Hiya?
Muh’am’mad	:	Heya Jameela. Waman Huwa?
Manar	:	Huwa Haani.

해석 التَّرْجَمَةُ

1 안녕하세요?

마나르	안녕하세요?
무함마드	안녕하세요?
마나르	저는 마나르입니다.
무함마드	저는 무함마드입니다.
마나르	반갑습니다.
무함마드	반갑습니다.

2 잘 지내요?

마나르	좋은 아침입니다.
자밀라	좋은 아침입니다.
마나르	잘 지내요?
자밀라	네, 잘지내요. 마나르씨는요?
마나르	네, 잘 지내요.

3 당신은 누구세요?

마나르	당신은 누구세요?
무함마드	저는 무함마드입니다. 당신은요?
마나르	저는 마나르입니다. 그녀는 누구예요?
무함마드	그녀는 자밀라예요. 그는 누구예요?
마나르	그는 하니예요.

새 단 어 كَلِمَاتُ الدَّرْسِ

안녕하세요	assalaamu alaykum	السَّلَامُ عَلَيْكُمْ
안녕하세요(대답)	wa'alaykum assalaam	وَعَلَيْكُمُ السَّلَامُ
나	'ana	أَنَا
좋은 아침	s'abaah'a al-khayri	صَبَاحَ الْخَيْرِ
아침 인사 대답	s'abaah'a an-n'nouri	صَبَاحَ النُّورِ
잘지내요? / 어떻게 지냈어요?	kayfa alh'aalu?	كَيْفَ الْحَالُ؟
어떻게	kayfa	كَيْفَ
상태, 상황	alh'aalu	الْحَالُ
좋아요 / 잘 지내요	alh'amdu lillaahi	الْحَمْدُ لله
누구	man	مَنْ
그는	huwa	هُوَ
그녀는	hiya	هِيَ
처음뵙겠습니다 / 만나서 반가워요	furs'atun sa'eedatun	فُرْصَةٌ سَعِيدَةٌ
안녕하세요	marh'aban	مَرْحَبًا
잘(있다)	bikhayrin	بِخَيْرٍ

01 독립형 인칭대명사 الضَّمَائِرُ المُنْفَصِلَةُ

아랍어는 대명사가 발달된 언어입니다. 한국어에는 대명사에 성의 구별이 없지만 아랍어에서는 2인칭과 3인칭에 남성, 여성의 구별이 있으며, 단수, 쌍수(2명, 2개), 복수형(3명, 3개 이상)으로 나눠집니다.

1) 1인칭 대명사

نَحْنُ Nah'nu	أَنَا 'Ana
우리	나

2) 2인칭 대명사

أَنْتُنَّ 'Antun'na	أَنْتُمْ 'Antum	أَنْتُمَا 'Antumaa	أَنْتِ 'Anti	أَنْتَ 'Anta
너희 (여성)	너희 (남성)	너 (쌍수)(여, 남)	너 (여성)	너 (남성)

3) 3인칭 대명사

هُنَّ Hun'na	هُمْ Hum	هُمَا Humaa	هِيَ Hiya	هُوَ Huwa
그들 (여성)	그들 (남)	그 두명 (남, 여)	그녀 (여성)	그 (남성)

어휘 المُفْرَدَات

보 기

1 أَنَا مَنَار. / 'Ana Manar. / 저는 마나르입니다.

2 هُوَ طَالِبٌ. / Huwa T'aalibun. / 그는 학생입니다.

3 هِيَ طَالِبَةٌ. / Hiya T'aalibatun. / 그녀는 여학생입니다.

4 أَنْتُمَا طَالِبَتَانِ. / 'Antumaa T'alibataani. / 당신들은(두명) 여학생입니다.

5 نَحْنُ طُلَّابٌ. / Nah'nu T'ul'laabun. / 우리는 학생입니다.

2인칭과 3인칭 대명사는 '누구'를 뜻하는 의문사 مَنْ /man/과 함께 같이 쓸 수 있습니다.

보 기

1 مَنْ أَنْتَ؟ / Man 'Anta? / 당신은 누구입니까?

2 مَنْ هِيَ؟ / Man Hiya? / 그녀는 누구입니까?

3 مَنْ هُمْ؟ / Man Hum?/ 그들은 누구입니까?

아랍어는 대명사와 대명사, 또는 대명사와 명사를 연결시킬 때 접속사 و /wa/를 사용하여 보통 1인칭, 2인칭, 3인칭 순서대로 연결시킵니다.

보 기

1 أَنَا وَأَنْتَ. / 'Ana Wa'anta. / 나와 당신

2 أَنَا وَسَمِير. / 'Ana Wasameer. / 나와 사미르

3 أَنْتَ وَمَنَار. / 'Anta Wamanar. / 당신과 마나르

02 명사 및 명사의 성 الاِسْمُ، المُذَكَّرُ والمُؤَنَّثُ

1) 아랍어의 명사는 남성과 여성으로 분류됩니다. 따라서 사물도 남성 또는 여성, 둘 중 하나의 성별을 가집니다. 또한, 사람이나 동물을 가리키는 명사의 경우, 그것이 본래 지닌 성별에 따라 달라집니다.

여성 명사	
버스	H'aafilatun حَافِلَةٌ
도서관	Maktabatun مَكْتَبَةٌ
학교	Madrasatun مَدْرَسَةٌ
탁자	T'aawilatun طَاوِلَةٌ
대학교	Jaami'atun جَامِعَةٌ
자동차	Say'yaaratun سَيَّارَةٌ
종이	Waraqatun وَرَقَةٌ

남성 명사	
의자	Kursiyun كُرْسِيٌّ
창문	Shub'baakun شُبَّاكٌ
사무실, 책상	Maktabun مَكْتَبٌ
박물관	Mat-h'afun مَتْحَفٌ
연필	Qalamun قَلَمٌ
칠판	Lawh'un لَوْحٌ
문	Baabun بَابٌ

2) 명사 끝에 여성 어미 '타마르부따 (" ة " التَّاءُ المَرْبُوطَةُ)'가 붙어 있는 경우 그 명사는 주로 여성 명사입니다. 반면, '타마르부따'가 없는 경우에는 남성 명사라고 생각하면 됩니다. 또한, 남성 명사나 형용사에 '타마르부따 (ة)'를 붙이면 여성형 명사나 형용사가 되기도 합니다.

여성 명사	
여학생	T'aalibatun طَالِبَةٌ
여교수	'Ustaadhatun أُسْتَاذَةٌ
여의사	T'abeebatun طَبِيبَةٌ
여자 친구	S'adeeqatun صَدِيقَةٌ
여자 직원	Mowath'afatun مُوَظَّفَةٌ

남성 명사	
남학생	T'aalibun طَالِبٌ
교수	'Ustaadhun أُسْتَاذٌ
의사	T'abeebun طَبِيبٌ
친구	S'adeequn صَدِيقٌ
직원	Mowath'afun مُوَظَّفٌ

어휘 المُفْرَدَات

남성형을 여성형으로 바꿀 때 주의해야 할 점은 (ة) 또는 (ـة) 전에 나온 자음의 발음 부호입니다. 여성형으로 바꿀 때 그 자음의 발음 부호가 (ـَ)가 됩니다.

보 기

- طَالِبٌ (남학생) / T'aalibun / → طَالِبَةٌ (여학생) / T'aalibatun /
- كَاتِبٌ (작가) / Kaatibun / → كَاتِبَةٌ (여작가) / Kaatibatun /
- أُسْتَاذٌ (교수) / 'Ustaadhun / → أُسْتَاذَةٌ (여교수) / 'Ustaadhatun /

3) 일부 국가의 이름은 남성으로 취급되지만 그 외에는 모두 여성 명사입니다. 남성으로 분류되는 국가 이름은 다음과 같습니다.

남성 명사 국가	
레바논	Lubnaanu لُبْنَانُ
모로코	Al-Maghribu المَغْرِبُ
요르단	Al'urdun'nu الأُرْدُنُّ
쿠웨이트	Alkowaytu الكُوَيْتُ
수단	As'soudaanu السُّودَانُ
이라크	Al'iraaqu العِرَاقُ

01 인사 التَّحِيَّةُ

아랍어는 영어처럼 시간에 따라 인사말이 달라집니다. 아랍 사람들이 일반적으로 사용하는 인사말은 '앗살라무 알라이쿰'입니다. 이 인사말의 뜻은 '(알라가 주시는) 그 평화가 당신들에게 있기를'입니다. '알라(Allah)'는 '하느님'이란 뜻을 가진 아랍어 명사입니다.

보통 인사

안녕하세요?(인사 드릴 때)	/ Assalaamu Alaykum. / السَّلَامُ عَلَيْكُمْ. : A
안녕하세요?(답을 할 때)	/ Wa'alaykum Assalaam. / وَعَلَيْكُمُ السَّلَامُ. : B

아침 인사

좋은 아침입니다.	/ S'abaah'a Alkhayri. / صَبَاحَ الْخَيْرِ. : A
좋은 아침입니다.	/ S'abaah'a Ann'nouri. / صَبَاحَ النُّورِ. : B

저녁 인사

좋은 저녁입니다.	/ Masaa'a Alkhayri. / مَسَاءَ الْخَيْرِ. : A
좋은 저녁입니다.	/ Masaa'a Ann'nouri. / مَسَاءَ النُّورِ. : B

문법 및 표현 الْقَوَاعِدُ وَالتَّعَابِيرُ

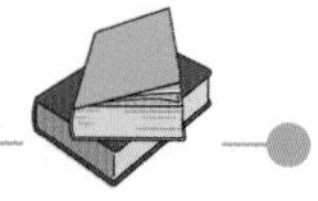

다른 언어들의 인사말에는 "좋은"이라는 표현이 들어가지만 아랍어의 인사말에는 '좋은' 뿐만 아니라 다양한 표현과 어휘를 쓸 수 있습니다. 예를 들어 '꽃 وَرْدٌ'/Ward/, 또는 '꿀 عَسَلٌ'/Asal/을 써서 표현할 수도 있습니다. 보통 기분이 좋거나 좋은 일이 생겼을 때 이런 표현을 씁니다.

아침 인사	صَبَاحَ الوَرْدِ. صَبَاحَ العَسَلِ.	/ S'abaah'a Alward. / / S'abaah'a Alasal. /
저녁 인사	مَسَاءَ الوَرْدِ. مَسَاءَ العَسَلِ.	/ Masaa'a Alward. / / Masaa'a Alasal. /

안부 묻기

잘 지냈어요?	A : كَيْفَ الحَالُ؟ / Kayfa Alh'aalu? /
좋아요. / 잘 지내요.	B : الحَمْدُ لِلّٰهِ. / Alh'amdu lillaahi. /
잘 있어요. / 좋아요	بِخَيْرٍ وَالحَمْدُ لِلّٰهِ. / Bikhayrin. Walh'amdu lillaahi. /

특히, 아랍 사람들은 안부를 물을 때 가족, 일, 공부, 건강 등에 관한 질문 외에 하루를 어떻게 보냈는지까지 일일이 물어보기도 합니다.

아랍 사람들은 말을 할 때 주로 격식을 갖추고 예의를 지키는 경향이 있습니다. 그래서 아랍 사람과 같이 있을 때는 "고맙다" 혹은 "미안하다"는 말을 자주 하는 것이 좋습니다. 우선 고맙다는 말을 배워 보겠습니다.

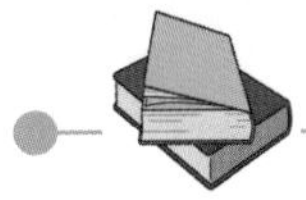

문법 및 표현 القَوَاعِدُ وَالتَّعَابِيرُ

감사의 표현

고마워요. 대단히 감사합니다.	A : شُكْرًا. / Shukran. / شُكْرًا جَزِيلًا. / Shukraan Jazeelaan. /
천만에요.	B : عَفْوًا. / 'Afwan /

사과의 표현

미안해요 / 죄송해요.(화자가 남자인 경우) 미안해요 / 죄송해요.(화자가 여자인 경우)	A : أَنَا آسِفٌ. / 'Ana Aasifun. / أَنَا آسِفَةٌ. / 'Ana Aasifatun. /
괜찮아요.	B : لَا بَأْسَ. / la Ba'as /

헤어질 때의 표현

안녕히 가세요. / 안녕히 계세요.	A : مَعَ السَّلَامَةِ. / M'a Ass'salamaati. /
안녕히 가세요. / 안녕히 계세요. 나중에 봐요. 또 만나요.	B : إِلَى اللِّقَاءِ. / Ila All'liqaa'ai. / أَرَاكَ لَاحِقًا. / 'Araka Laah'iqan. / أَرَاكَ مَرَّةً أُخْرَى. / 'Araka Mar'ratan 'Ukhra. /

02 자기소개 التَّعْرِيفُ بِالنَّفْسِ

처음 사람을 만났을 때 이름, 출신, 직업 등을 묻거나 대답하는 법을 배워봅시다.

이름이 뭐예요?(상대방이 남성일 때) 제 이름은 아흐마드입니다.	Ma Ismuka? Ismee Ahmad.	مَا اِسْمُكَ؟ اِسْمِي أَحْمَد.
이름이 뭐예요?(상대방이 여성일 때) 제 이름은 마나르입니다.	Ma Ismuki? Ismee Manar.	مَا اِسْمُكِ؟ اِسْمِي مَنَار.
당신은 어디에서 왔어요? 저는 한국에서 왔어요.	Min 'Ayna 'Anta? 'Ana Min Kourya.	مِنْ أَيْنَ أَنْتَ؟ أَنَا مِنْ كُورِيَا.
당신은 어디에 살아요? 저는 서울에 살아요.	'Ayna Taskunu? 'Askunu Fi Seeoul.	أَيْنَ تَسْكُنُ؟ أَسْكُنُ فِي سِيُول.
당신은 어디에서 일해요? 저는 삼성에서 일해요.	'Ayna Ta'malu? 'A'malu Fi Sharikati Samsoung.	أَيْنَ تَعْمَلُ؟ أَعْمَلُ فِي شَرِكَةِ سَامسُونج.
어디에서 공부해요? 서울대학교에서 공부해요.	'Ayna Tadrusu? 'Adrusu Fi Jami'ati Seeol	أَيْنَ تَدْرُسُ؟ أَدْرُسُ فِي جَامِعَةِ سِيول.
만나서 반가워요. 만나서 반가워요.	Furs'atun Sa'eedatun . Furs'atun Sa'eedatun .	فُرْصَةٌ سَعِيدَةٌ. فُرْصَةٌ سَعِيدَةٌ.

연습문제

التَّدْرِيبَاتُ

1 아래 명사의 남성형, 여성형을 쓰세요.

여성	남성
	عَامِلٌ
	دَارِسٌ
مَاهِرَةٌ	
	مُعَلِّمٌ

2 다음 빈칸에 알맞은 대명사를 쓰세요.

نَحنُ	أَنْتِ	أَنَا	هِيَ	هُوَ

- ________ مَنار.
- ________ مُحَمَّد.
- ________ مِن كُورِيَا.
- ________ طَالِبَةٌ.

연습문제 التَّدْرِيبَاتُ

3 마나르의 자기소개를 아랍어로 쓰세요.

- 안녕하세요? ______
- 제 이름은 마나르입니다. ______
- 저는 요르단에서 왔습니다. ______
- 저는 서울대학교에서 공부합니다. ______
- 만나서 반갑습니다. ______
- 감사합니다. ______

4 다음 대화를 완성해 보세요.

A أَنَا آسِفٌ.

B ______.

A شُكْرًا.

B ______.

A ______.

B بِخَيْرٍ وَالحَمْدُ لِلّٰهِ.

5 다음 대화를 듣고 문장을 완성하세요. Track 10

1 ______ عَلَيْكُمْ.

2 ______ مَنَار.

3 فُرْصَةٌ ______.

4 ______ طَالِبٌ.

5 ______ طَالِبَةٌ.

아랍어 쓰기 연습 01

※ 다음 단어를 빈칸에 써 보세요.

				اَلسَّلَامُ
				اَلسَّلَامُ

اَلسَّلَامُ
평화 / 인사말

				مَرْحَبًا
				مَرْحَبًا

مَرْحَبًا
안녕하세요

				صَبَاحٌ
				صَبَاحٌ

صَبَاحٌ
아침

				شُكْرًا
				شُكْرًا

شُكْرًا
감사합니다

				اِسْمِي
				اِسْمِي

اِسْمِي
나의 이름

문화 01

아랍인의 인사

아랍 사람들이 많이 사용하는 대표적 인사말, “앗살라무 알라이쿰”은 ‘(알라가 주시는) 그 평화가 당신들에게 있기를’이라는 뜻을 가지고 있습니다. 이 인사말은 항상 복수 형태로 사용되는데 그 이유는 이슬람에서는 사람의 두 어깨 위에 선과 악을 기록하는 천사 둘이 있다고 생각하기 때문에, 인사를 나누는 상대가 그 천사 둘을 포함해 총 셋이라고 생각하기 때문입니다.

아랍인들은 인사를 할 때 악수를 하거나, 가볍게 껴안고 혹은 서로의 양 볼을 번갈아 접촉하여 친밀함을 표현하기도 합니다. 하지만 인사할 때 한국 사람처럼 머리를 숙여 인사하지는 않는데 그 이유는 오직 알라에게만 머리를 숙일 수 있다고 생각하기 때문입니다. 인사를 할 때는 상대방과 가족 구성원의 안부를 일일이 물어보는 것이 상대방에 대한 친밀한 관심의 표시입니다.

아랍 국가마다 조금씩 다르지만 일반적으로 악수를 할 때는 상대방의 성별에 관계 없이 악수를 하지만, 양 볼을 접촉할 때는 남자는 남자끼리 여자는 여자끼리 하는 것이 원칙입니다.

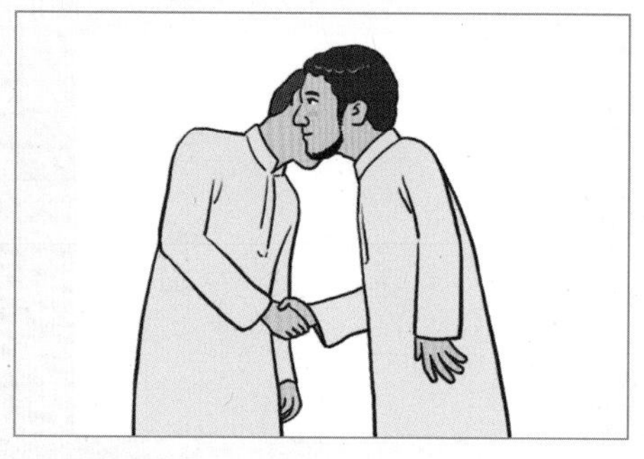

▲ 악수하는 두 아랍 남자

▲ 인사하는 두 아랍 여자

가족과 함께 02

مَعَ أُسْرَتِي

학습목표 الأَهْدَافُ

- الأُسْرَةُ 가족
- فِي الغُرْفَةِ 방 안에서
- أَسْمَاءُ الإِشَارَةِ 지시대명사
- يَاءُ المِلْكِيَّةِ 소유 표현 '나의 ~'

١ أَنَا مُحَمَّدٌ 'Ana Muh'am'mad

Track 11

أَنَا مُحَمَّدٌ.

هَذَا أَبِي.

وَهَذِهِ أُمِّي.

هَذِهِ أُخْتِي.

وَهَذَا أَخِي.

هَذِهِ أُسْرَتِي.

'Ana Muh'am'mad.
Haadha 'Abee.
Wahaadhih 'Um'mee.
Haadhihi 'Ukhtee.
Wahaadha 'Akhee.
Haadhihi 'Usratee.

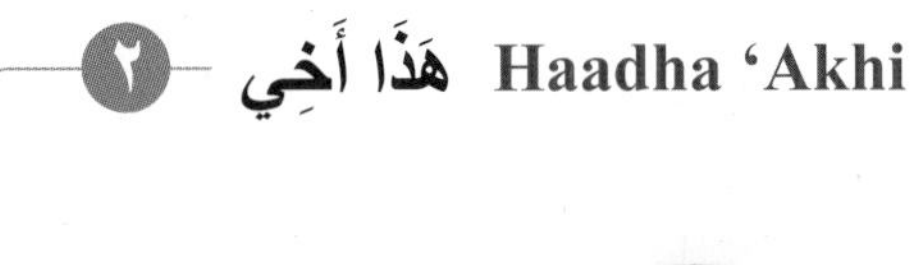

٢ هَذَا أَخِي Haadha 'Akhi

مَنَار : مَن هَذَا؟

مُحَمَّد : هَذَا أَخِي الصَّغِيرُ سَامِي، وَهُوَ طَالِبٌ.

مَنَار : وَمَنْ هَذِهِ؟

مُحَمَّد : هَذِهِ أُخْتِي الصَّغِيرَةُ سَلْمَى، وَهِيَ طَالِبَةٌ.

Manar : Man Haadha?
Muh'am'mad : Haadha 'Akhi Ass'agheeru Saamee, Wahuwa T'aalibun.
Manar : Waman Haadhihi?
Muh'am'mad : Hadhihi 'Ukhti Ass'agheeratu Salma, Waheya T'aaliba.

٣ مَنْ هَذَا؟ Man Hadha?

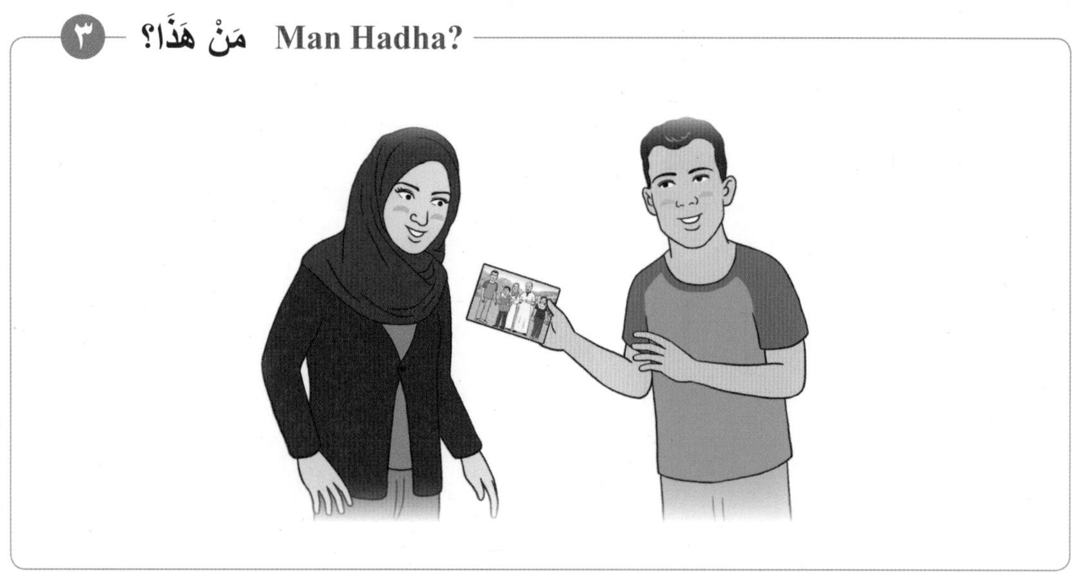

مَنَار : مَنْ هَذَا يَا مُحَمَّد؟

مُحَمَّد : هَذَا جَدِّي.

مَنَار : وَمَنْ هَذِهِ؟

مُحَمَّد : هَذِهِ جَدَّتِي.

مَنَار : هِيَ لَطِيفَةٌ!

Manar : Man Haadha Ya Muh'am'mad?
Muh'am'mad : Haadha Jad'dee.
Manar : Waman Haadhihi?
Muh'am'mad : Haadhhi Jad'datee.
Manar : Heya Lat'eefa!

해석 التَّرْجَمَةُ

1 저는 무함마드입니다.

저는 무함마드입니다.

이 분은 우리 아버지입니다.

그리고 이 분은 우리 어머니입니다.

그녀는 우리 여동생이고,

그는 우리 남동생입니다.

이분들은 우리 가족입니다.

2 이 사람은 제 동생입니다.

마나르	이 분은 누구예요?
무함마드	우리 남동생 사미입니다. 학생입니다.
마나르	이 분은 누구예요?
무함마드	우리 여동생 살마입니다. 학생입니다.

3 이 분은 누구예요?

마나르	무함마드, 이 분은 누구예요?
무함마드	우리 할아버지입니다.
마나르	이 분은요?
무함마드	우리 할머니입니다.
마나르	고우시네요.

새단어 كَلِمَاتُ الدَّرْسِ

작은, 어린	s'agheerun	صَغِيرٌ
작은, 어린(여성형)	s'agheeratun	صَغِيرَةٌ
큰, 나이가 많은	kabeerun	كَبِيرٌ
큰, 나이가 많은(여성형)	kabeeratun	كَبِيرَةٌ
남학생	t'aalibun	طَالِبٌ
여학생	t'aalibatun	طَالِبَةٌ
호격	yaa	يَا
나의 ~(접미형 인칭대명사)	-ee	ـــي
아버지	'abun	أَبٌ
어머니	'ummun	أُمٌّ
할아버지	jad'dun	جَدٌّ
할머니	jad'datun	جَدَّةٌ
남동생, 오빠, 형	'akhun	أَخٌ
언니, 누나, 여동생	'ukhtun	أُخْتٌ
가족	'usratun	أُسْرَةٌ
예쁜(여성형)	jameelatun	جَمِيلَةٌ

어휘 الْمُفْرَدَات

01 가족 الأُسْرَةُ

아랍 사회는 가족중심 사회입니다. 아직까지 많은 아랍 국가에서는 핵가족보다 대가족을 이루고 있으며, 개인보다 가족이 중요하다고 생각합니다. 그래서 모든 사회적인 활동을 가족과 함께 할 때 의미가 있다고 생각합니다. 가족 구성원 중 한 사람이 문제가 생기면 개인적인 문제가 아니라고 생각하기 때문에 모든 가족 구성원이 당연히 도와주어야 한다고 생각합니다.

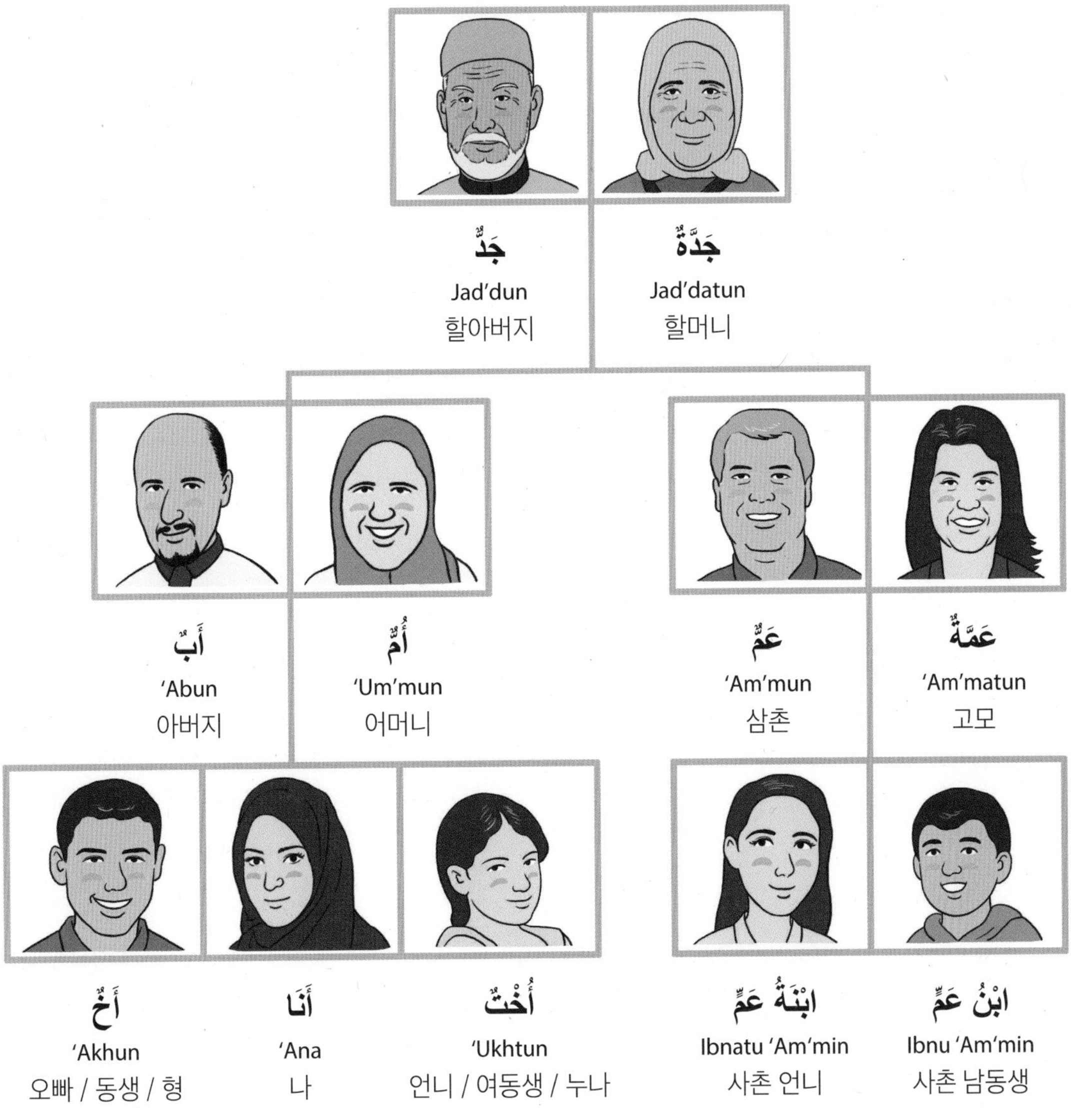

جَدٌّ
Jad'dun
할아버지

جَدَّةٌ
Jad'datun
할머니

أَبٌ
'Abun
아버지

أُمٌّ
'Um'mun
어머니

عَمٌّ
'Am'mun
삼촌

عَمَّةٌ
'Am'matun
고모

أَخٌ
'Akhun
오빠 / 동생 / 형

أَنَا
'Ana
나

أُخْتٌ
'Ukhtun
언니 / 여동생 / 누나

ابْنَةُ عَمٍّ
Ibnatu 'Am'min
사촌 언니

ابْنُ عَمٍّ
Ibnu 'Am'min
사촌 남동생

어휘 المُفْرَدَات

더 많은 가족 구성원을 아랍어로 알아봅시다.

오빠 / 동생 / 형	'Akhun أَخٌ	할아버지	Jad'dun جَدٌّ
언니 / 여동생 / 누나	'Ukhtun أُخْتٌ	할머니	Jad'datun جَدَّةٌ
아들	Ibnun اِبْنٌ	아버지	'Abun أَبٌ
딸	Ibnatun اِبْنَةٌ	어머니	'Um'mun أُمٌّ
손주	H'afeedun حَفِيدٌ	삼촌	'Am'mun عَمٌّ
손주(여)	H'afeedatun حَفِيدَةٌ	고모	'Am'matun عَمَّةٌ
남편	Zawjun زَوْجٌ	외삼촌	Khaalun خَالٌ
아내	Zawjatun زَوْجَةٌ	이모	Khaalatun خَالَةٌ
조카(남)	اِبْنُ أَخٍ ، اِبْنُ أُخْتٍ Ibnu 'Akhin / Ibnu 'Ukhtin	부모	Waalidayn وَالِدَانِ
남자	Rajulun رَجُلٌ	조카(여)	اِبْنَةُ أَخٍ ، اِبْنَةُ أُخْتٍ Ibnatu 'Ukhtin / Ibnatu 'Akhin
소년	Waladun وَلَدٌ	여자	Imra'atun اِمْرَأَةٌ
친척	Qareebun قَرِيبٌ	소녀	Bintun بِنْتٌ

02 방 안에서 فِي الغُرْفَةِ

방 안에 있는 물건들을 아랍어로 알아봅시다.

❷ 문	Baabun بَابٌ	❶ 그림 / 액자	S'uratun صُورَةٌ
❹ 개	Kalbun كَلْبٌ	❸ 창문	Shub'baakun شُبَّاكٌ
❻ 책장	Raf'fun رَفٌّ	❺ 텔레비전	Tilfizyunun تِلْفِزْيُونٌ
❽ 책상	Maktabun مَكْتَبٌ	❼ 시계	Saa'atun سَاعَةٌ
❿ 벽	H'aa'iit'un حَائِطٌ	❾ 의자	Kursiyun كُرْسِيٌّ
⓬ 고양이	Qit'atun قِطَّةٌ	⓫ 카펫	Saj'jaadatun سَجَّادَةٌ
⓮ 신발	H'idhaa'un حِذَاءٌ	⓭ 라디오	Raadyou رَادْيُو

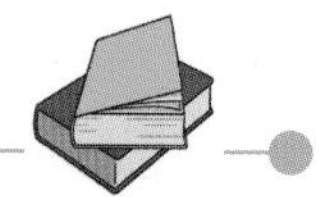

01 지시대명사 أَسْمَاءُ الإِشَارَةِ

아랍어에서 지시대명사는 사람 또는 사물을 가리킵니다. 이 때, 가리키는 대상이 가까이 있는지 멀리 있는지에 따라, 또는 여성인지 남성인지, 단수, 쌍수, 복수인지에 따라 지시대명사가 달라집니다.

여성	남성	지시대명사	
Haadhihi هَذِهِ	Haadha هَذَا	단수	가까운 대상
Haataani هَاتَانِ	Haadhaani هَذَانِ	쌍수	
Hau'ula'ai هَؤُلَاءِ	Hau'ula'ai هَؤُلَاءِ	복수	
Tilka تِلْكَ	Dhaalika ذَلِكَ	단수	먼 대상
'Ulaa'ika أُولَئِكَ	'Ulaa'ika أُولَئِكَ	복수	

예문을 통해 지시대명사의 쓰임을 확인해 보세요.

보 기

1 هَذَا بَيْتٌ. / Haadha Baytun. / 이것은 집입니다.

2 هَذِهِ مَكْتَبَةٌ. / Haadhihi Maktabatun. / 이것은 도서관입니다.

3 هَاتَانِ طَالِبَتَانِ. / Haataani T'alibataani. / 이 두분이 여학생입니다.

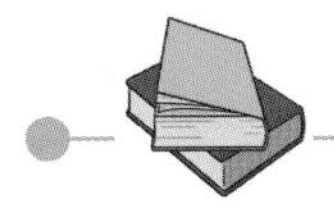

02 소유 표현 '나의~' يَاءُ الْمِلْكِيَّةِ

아랍어에는 다양한 소유의 표현들이 있으며, 그 중에 가장 많이 쓰이는 형태는 'ـــي + 명사'로, '나의 ~'라는 뜻을 가지고 있습니다.

보 기

1	어머니	أُمٌّ	나의 어머니	أُمِّي	/ 'Um'mee /
2	가방	حَقِيبَةٌ	나의 가방	حَقِيبَتِي	/ H'aqeebatee /
3	책	كِتَابٌ	나의 책	كِتَابِي	/ Kitaabee /

다만, 위의 2번과 같이 명사가 여성형을 표시하는 타마르부따 (ة)로 끝나면 (ت)로 바꿔서 (ي)를 붙여야 합니다. 또한 소유의 (ـــي)를 붙일 때 그에 선행하는 자음의 발음부호를 (ـِ)로 바꿔야 합니다.

보 기

1 مَكْتَبَةٌ + ـِي = مَكْتَبَتِي 나의 도서관 / Maktabatee /

2 مُدَرِّسَةٌ + ـِي = مُدَرِّسَتِي 나의 선생님 / Mudar'risatee /

3 لُعْبَةٌ + ـِي = لُعْبَتِي 나의 장난감 / Lu'batee /

4 صَدِيقَةٌ + ـِي = صَدِيقَتِي 나의 여자 친구 / S'adeeqatee /

연습문제 التَّدْرِيبَاتُ

1 <보기>에서 알맞은 단어를 골라 빈칸에 쓰세요.

<보기>
أُمِّي أَبِي
طَالِبَةٌ طَالِبٌ

- هَذَا ________________.
- هَذِهِ ________________.
- هَذَا ________________.
- هَذِهِ ________________.

2 <보기> 처럼 소유표현 "나의"를 사용하여 표현을 만들어 보세요.

<보기>
أَبٌ + ــِي = أَبِي
أُسْرَةٌ + ــِي = أُسْرَتِي

- أُمٌّ + ــِي = ________________.
- أَخٌ + ــِي = ________________.
- طَالِبَةٌ + ــِي = ________________.

3 다음 문장을 완성해 보세요.

1 هَذِهِ ________________. (나의 할머니)

2 هَذَا ________________. (나의 삼촌)

3 هِيَ (أُخْت) ________ و ________ طَالِبَة. (나의 언니, 그녀는)

4 마나르 가족 소개를 듣고 문장을 완성하세요. Track 16

السَّلَامُ عَلَيْكُمْ. ________ مَنَار. هَذِهِ أُسْرَتِي. هَذَا ________.

وَهَذِهِ ________. هَذَا ________ مُحَمَّد. وَهَذِهِ ________ سَلْمَى.

아랍어 쓰기 연습 02

※ 다음 단어를 빈칸에 써 보세요.

				أَنَا	**أَنَا** 나
				أَنَا	
				أَبِي	**أَبِي** 나의 아버지
				أَبِي	
				هَذَا	**هَذَا** 이것 / 이 분
				هَذَا	
				بَابٌ	**بَابٌ** 문
				بَابٌ	
				كَبِيرٌ	**كَبِيرٌ** 큰
				كَبِيرٌ	

문화 02

아랍의 가족 제도

과거의 아랍인들은 대가족을 이루어 살았지만, 현대에는 보통 아버지, 어머니, 자녀로 구성된 핵가족의 형태로 살고 있습니다. 특히 도시의 아랍인 가정은 대부분 핵가족의 형태로 이루어져 있습니다. 반면에 시골의 농부들은 농사를 짓는 데 많은 일손이 필요하므로 대가족을 이루어 살고 있습니다.

전통 아랍 무슬림의 가족 제도는 한국과 비슷한 가부장 중심의 집단주의 문화에 기반을 두고 있습니다. 아랍 사회에서는 개인보다 가족이 최소의 사회 구성원이므로 가장이 가족을 대표하며 공식적인 결정권을 가지고 있습니다. 이러한 모습에서 가족 관계의 끈끈함과 책임감이 강하게 작용되고 있음을 볼 수 있습니다.

결혼할 때도 모든 가족 구성원이 결혼식을 성대히 치를 수 있도록 지원하기도 합니다. 아랍 세계는 도시화 되어 가고 있지만 여전히 가족 관계는 중요한 역할을 하고 있습니다. 명절에는 모든 가족 구성원들이 모여 기도도 하고 명절의 특별한 음식과 과자를 만들어 먹기도 합니다.

▲ 아랍의 대가족

▲ 아랍의 핵가족

학교에서 03

فِي الْمَدْرَسَةِ

학습목표 الأَهْدَافُ

- الأَرْقَامُ 숫자
- فِي الصَّفِّ 교실에서
- أَدَاةُ الاِسْتِفْهَامِ "مَا" 의문사 '무엇'
- عِنْدَ 소유 표현 '~에게 …이 있다'

회화 المُحَادَثَةُ

١ مَا هَذَا؟ Ma Haadha?

Track 17

الأُسْتَاذُ : مَا هَذَا يَا أَحْمَد؟

أَحْمَد : هَذَا كِتَابٌ.

الأُسْتَاذُ : وَمَا هَذِهِ؟

أَحْمَد : هَذِهِ حَقِيبَةٌ.

الأُسْتَاذُ : وَمَا هَذَا؟

أَحْمَد : هَذَا قَلَمٌ.

Al'austadh : Ma Haadha Ya 'Ah'mad?
'Ah'mad : Haadha Kitaabun.
Al'austadh : Wama Haadhihi?
'Ah'mad : Haadhihi H'aqeebatun.
Al'austadh : Wama Haadha?
'Ah'mad : Haadha Qalamun.

회화 الْمُحَادَثَةُ

٢ هَلِ الِامْتِحَانُ غَدًا؟ Hal Alimtih'aanu Ghadan?

مَنَار : عِنْدِي سُؤَالٌ يَا أُسْتَاذَة!

الأُسْتَاذَةُ : تَفَضَّلِي. مَا هُوَ؟

مَنَار : هَلِ الِامْتِحَانُ غَدًا؟

الأُسْتَاذَةُ : نَعَمْ.

مَنَار : هَلْ هُوَ صَعْبٌ؟

الأُسْتَاذَةُ : لا هُوَ سَهْلٌ.

Manar : Indi Su'aalun Ya 'Ustaadha!
Al'ustadha : Tafad'alee. Maa Huwa?
Manar : Hal Alimtih'aanu Gahdan?
Al'ustadha : Na'am.
Manar : Hal Huwa S'a'bun?
Al'ustadha : La. Huwa Sahlun .

٣ هَلْ كَتَبْتَ الوَاجِبَ؟ Hal Katabta AlWaajiba?

الأُسْتَاذُ : هَلْ كَتَبْتَ الوَاجِبَ يا أَحْمَد؟

أَحْمَدُ : نَعَمْ يَا أُسْتَاذ.

الأُسْتَاذُ : وَأَنْتَ يَا هَانِي؟

هَانِي : لَا يَا أُسْتَاذُ. أَنَا آسِفٌ. أَنَا مَرِيضٌ.

الأُسْتَاذُ : لَا بَأسَ. سَلَامَتَك.

Al-'ustadh : Hal Katabta AlWaajiba Ya 'Ah'mad?
'Ah'mad : Na'am Ya 'Ustaadh.
Al-'ustadh : Wa'anta Ya Hanee?
Hanee : La Ya 'Ustaadh. Ana Aasif. 'Ana Mareed'.
Al-'ustadh : La Ba'as. Salamatak.

해석 التَّرْجَمَةُ

1 이것은 무엇입니까?

선생님	아흐마드, 이것은 무엇입니까?
아흐마드	이것은 책입니다.
선생님	이것은요?
아흐마드	이것은 가방입니다.
선생님	이것은요?
아흐마드	펜입니다.

2 시험이 내일인가요?

마나르	선생님, 질문이 있어요!
선생님	뭔데요? 질문해 보세요.
마나르	시험이 내일인가요?
선생님	네, 내일입니다.
마나르	시험이 어렵나요?
선생님	아니요, 쉽습니다.

3 숙제를 했나요?

선생님	아흐마드, 숙제를 했나요?
아흐마드	네, 선생님. 했습니다.
선생님	하니는요? 숙제를 했나요?
하니	아니요, 선생님. 죄송합니다. 제가 좀 아파서요.
선생님	괜찮아요. 빨리 낫길 바래요.

새단어 كَلِمَاتُ الدَّرْسِ

질문	su'aalun	سُؤَالٌ
쓰다(과거형, 2인칭)	katabta	كَتَبْتَ
자, 하십시오(권유 표현)	tafad'dal	تَفَضَّلْ
자, 하십시오(상대방이 여성일 때)	tafad'dalee	تَفَضَّلِي
숙제	alwaajibu	الوَاجِبُ
죄송합니다	'aasifun	آسِفٌ
죄송합니다(여성형)	'aasifatun	آسِفَةٌ
내일	ghadan	غَدًا
네	na'am	نَعَمْ
아니요	laa	لَا
~~ㅂ니까 / ~습니까(의문사)	hal	هَلْ
선생, 교수	'ustaadhun	أُسْتَاذٌ
여자 선생, 여자 교수	'ustaadhatun	أُسْتَاذَةٌ
어려운, 힘든	s'a'bun	صَعْبٌ
쉬운	sahlun	سَهْلٌ
무엇(의문사)	maa	مَا
시험	alimtih'anu	الِامْتِحَانُ
아픈, 환자	mareed'un	مَرِيضٌ
괜찮아요	la ba'as	لَا بَأْسَ
빨리 낫길 바래요	salamataka	سَلَامَتَكَ

어휘 المُفْرَدَات

01 숫자 الأَرْقَامُ

아랍 숫자는 아라비아 반도를 중심으로 주로 아랍권 국가에서 사용하고 있습니다. 아랍 숫자는 주격, 목적격, 소유격에 따라 숫자 끝의 발음 부호가 달라집니다. 아랍 숫자는 한국 숫자와 달리 오른쪽부터 읽습니다.

0 ~ 10:

아랍 숫자	٥	٤	٣	٢	١	٠
발음	خَمْسَةٌ Khamsatun	أَرْبَعَةٌ 'Aarba'atun	ثَلَاثَةٌ Thalathatun	اِثْنَان Ithnaani	وَاحِدٌ Waah'idun	صِفْرٌ S'ifrun
숫자	5	4	3	2	1	0

아랍 숫자	١٠	٩	٨	٧	٦
발음	عَشَرَةٌ 'Asharatun	تِسْعَةٌ Tis'atun	ثَمَانِيَةٌ Thamaneyatun	سَبْعَةٌ Sab'atun	سِتَّةٌ Sit'tat un
숫자	10	9	8	7	6

11 ~ 19:

아랍 숫자	١٥	١٤	١٣	١٢	١١
발음	خَمْسَةَ عَشَرَ Khamsata Ashara	أَرْبَعَةَ عَشَرَ 'Arba'ata Ashara	ثَلَاثَةَ عَشَرَ Thalathaa Ashara	اِثْنَا عَشَرَ Ithna Ashara	أَحَدَ عَشَرَ 'Ah'ada Ashara
숫자	15	14	13	12	11

아랍 숫자	١٩	١٨	١٧	١٦
발음	تِسْعَةَ عَشَرَ Tis'ata Ashara	ثَمَانِيَةَ عَشَرَ Thamaneyata Ashara	سَبْعَةَ عَشَرَ Sab'ata Ashara	سِتَّةَ عَشَرَ Sit'tata Ashara
숫자	19	18	17	16

어휘 المُفْرَدَات

읽기 규칙

- 11, 12 제외하고 13~19까지 오른쪽부터 "عَشَرَ(십) + 1의 자리 숫자".
- 14 : 10 + 4 أَرْبَعَةَ عَشَرَ = عَشَرَ + أَرْبَعَةَ
- 15 : خَمْسَةَ عَشَرَ
- 18 : ثَمَانِيَةَ عَشَرَ

20 ~ 100:

아랍 숫자	٦٠	٥٠	٤٠	٣٠	٢٠
주격	سِتُّونَ Sit'toun	خَمْسُونَ Khamsoun	أَرْبَعُونَ 'Arba'oun	ثَلَاثُونَ Thalaathoun	عِشْرُونَ 'Ishroun
목적격/소유격	سِتِّينَ Sit'teen	خَمْسِينَ Khamseen	أَرْبَعِينَ 'Arba'een	ثَلَاثِينَ Thalatheen	عِشْرِينَ 'Ishreen
숫자	60	50	40	30	20

아랍 숫자	١٠٠	٩٠	٨٠	٧٠
주격	مِائَة[1] Mia'aa	تِسْعُونَ Tis'oun	ثَمَانُونَ Thamaanoun	سَبْعُونَ Sab'oun
목적격/소유격	مِائَة Mia'aa	تِسْعِينَ Tis'een	ثَمَانِينَ Thamaneen	سَبْعِينَ Sab'een
숫자	100	90	80	70

[1] مِائَة 는 (ا)가 있지만 발음하지 않습니다, "미아"라고합니다.

10의 자리 숫자는 주격, 목적격, 소유격에 따라 뒤에 붙는 접사가 바뀝니다. 주격은 'ون', 목적격, 소유격은 'ين'로 바뀝니다.

21 ~ 99:

오른쪽부터 10의 자리 숫자 + وَ + 1의 자리 숫자

'وَ'는 접속사로, 한국어 조사 '~하고' 또는 '~와 / 과'와 같은 역할을 합니다.

어휘 المُفْرَدات

보기

- اِثْنَانِ وعِشْرُونَ :22 / 'Ithnaani Wa'ishroun /
- أَرْبَعَةٌ وسَبْعُونَ :74 / 'Arba'atun Wsab'oun /
- ثَمَانِيَةٌ وثَمَانُونَ :88 / Thamaaneyatun Wathamaanoun /

100 ~ 900:

아랍 숫자	٥٠٠	٤٠٠	٣٠٠	٢٠٠	١٠٠
발음	خَمْسُمِائَة Khamsumi'a	أَرْبَعُمِائَة 'Arba'umi'a	ثَلَاثُمِائَة Thalathumi'a	مِئَتَان Mi'ataan	مِائَةٌ Mi'a
숫자	500	400	300	200	100

아랍 숫자	٩٠٠	٨٠٠	٧٠٠	٦٠٠
발음	تِسْعُمِائَة Tis'umiaa	ثَمَانُمِائَة Thamanumi'iaa	سَبْعُمِائَة Sab'umia'a	سِتُّمِائَة Sit'tumia'a
숫자	900	800	700	600

101 ~ 999:

100의 자리부터 읽고(왼쪽부터) 10의 자리를(오른쪽 숫자부터) 읽습니다.
10의 자리는 위의 규칙과 같이 읽습니다.

보기

- مِائَةٌ وَاثْنَانِ وَعِشْرُونَ :122 / Mi'a Waithnaani Wa'ishroun /
- مِئَتَانِ وَخَمْسَةَ وَخَمْسُونَ :255 / Mi'ataani Wakhamsa Wakhamsoun /
- ثَلَاثُمِائَة وَسِتُّونَ :360 / Thalathumi'a' Wasittoun /

02 교실에서 فِي الصَّفِ

❷ 책상	Maktabun مَكْتَبٌ	❶ 가방	H'aqeebatun حَقِيبَةٌ
❹ 의자	Kursiyun كُرْسِيٌّ	❸ 공책	Daftarun دَفْتَرٌ
❻ 연필	Qalamun قَلَمٌ	❺ 책	Kitaabun كِتَابٌ
❽ 학생	Taalibun طَالِبٌ	❼ 교수 / 선생	'Ustaadhun أُسْتَاذٌ
❿ 종이	'Waraqatun وَرَقَةٌ	❾ 지우개	Mimh'aatun مِمْحَاةٌ
⓬ 컴퓨터	Kumbyoutarun كُمْبْيُوتَرٌ	⓫ 칠판	Lawh'un لَوْحٌ

어휘 المُفْرَدَات

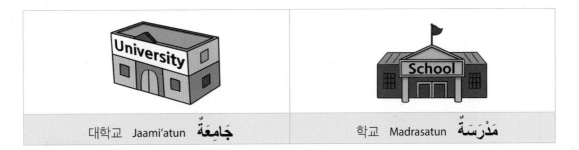

대학교 Jaami'atun جَامِعَةٌ	학교 Madrasatun مَدْرَسَةٌ

앞에 나온 단어들을 지시대명사와 함께 연습해 볼까요? 해당 명사의 성별이 여성형 또는 남성형인지에 따라 지시대명사가 달라진다는 점을 주의해야 합니다. 사물의 성별 구분은 아랍어를 꾸준히 공부하면서 익힐 수 있을 것입니다.

보 기

(남성)

1 هَذَا كِتَابٌ. / Haadha Kitaabun. / 이것은 책입니다.

2 هَذَا أُسْتَاذٌ. / Haadha 'Ustaadhun. / 이분은 선생님입니다.

3 هَذَا لَوْحٌ. / Haadha Lawh'un. / 이것은 칠판입니다.

보 기

(여성)

1 هَذِهِ حَقِيبَةٌ. / Haadhihi H'aqeebatun. / 이것은 가방입니다.

2 هَذِهِ وَرَقَةٌ. / Haadhihi Waraqatun. / 이것은 종이입니다.

3 هَذِهِ مِمْحَاةٌ. / Haadhihi Mimh'aatun. / 이것은 지우개입니다.

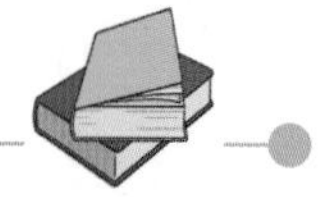

01 의문사 '무엇' "مَا" أَدَاةُ الاِسْتِفْهَامِ

'무엇'이라는 의문사에는 ما 와 ماذا 가 있으며 각각 다른 문장 형식에서 쓰입니다. 의문사 ' مَا '/ma/는 문장의 서술어가 **명사**인 경우에 쓰입니다. 의문사이므로 문장 첫머리에 옵니다.

보 기

1 مَا هَذَا؟ / Maa haadha? / 이것은 무엇입니까?

2 مَا اِسْمُكَ؟ / Maa Ismuka? / 이름이 무엇입니까?

3 مَا عُنْوَانُكَ؟ / Maa 'Unwaanuka? / 주소가 뭐예요?

4 مَا وَظِيفَتُكَ؟ / Maa Wath'eefatuka? / 직업이 뭐예요?

위에서 설명한 것처럼 명사 또는 사물에 대해 물을 때, 의문사 'مَا'/ma/를 씁니다. 명사의 성별을 먼저 확인하고 2과에서 배운 지시대명사를 함께 쓸 수 있습니다.

보 기

- مَا هَذَا؟ / Maa haadha? / 이것은 무엇입니까?
- هَذَا كِتَابٌ. / Haadha Kitaabun. / 이것은 책입니다.

- مَا هَذِهِ؟ / Maa Haadhihi? / 이것은 무엇입니까?
- هَذِهِ وَرْدَةٌ. / Haadhihi Wardatun. / 이것은 꽃입니다.

02 소유 표현 '~에게 ...이 있다' عِنْدَ

소유 표현 중에 'عِنْدَ'/Inda/가 있습니다. 'عِنْدَ'는 전치사로서 '~에게, 곁에, 때에' 등 다양한 뜻으로 쓰입니다. 여기서는 '~에게 있는, ~에게 속하는'이라는 뜻의 'عِنْدَ'를 배우겠습니다.

عِنْدَهَا 'Indaha	عِنْدَهُ 'Indahu	عِنْدَكِ 'Indaki	عِنْدَكَ 'Indaka	عِنْدِي 'Indee
(3인칭, 여)에게 ~이 있다	(3인칭, 남)에게 ~이 있다	(2인칭, 여)에게 ~이 있다	(2인칭, 남)에게 ~이 있다	(1인칭)에게 ~이 있다

보 기

1 عِنْدِي مَوْعِدٌ. / 'Indee Maw'idun. / 나에게 약속이 있다.

2 عِنْدَكَ بَيْتٌ جَمِيلٌ. / 'Indaka Baytun Jameelun. / (남자) 너에게 예쁜 집이 있다.

3 عِنْدَهَا اِمْتِحَانٌ. / 'Indahaa 'Imtih'aanun. / 그녀에게 시험이 있다.

사람 이름과 함께 나올 경우 성 구별 없이 기본형을 쓰고 다음과 같은 순서로 나열하면 됩니다.

보 기

1 عِنْدَ أَحْمَد اِمْتِحَانٌ. / 'Inda 'Ah'mad 'Imtih'aanun. / 아흐마드에게 시험이 있다.

2 عِنْدَ مَنَار حَبِيبٌ. / 'Inda Manar H'abeebun. / 마나르에게 남자친구가 있다.

التَّدْرِيبَاتُ 연습문제

1 그림과 일치하는 단어를 골라 연결해 보세요.

	•	•	كِتَابٌ
	•	•	مَكْتَبٌ
	•	•	قَلَمٌ
	•	•	دَفْتَرٌ

2 <보기>를 참고하여 문장을 완성해 보세요.

<보기>
هَذَا مَا هَلْ

1 ____________ هَذَا سَهْلٌ؟

نَعَمْ، هَذَا سَهْلٌ.

2 ____________ هَذِهِ؟

هَذِهِ حَقِيبَةٌ.

3 هَلْ ____________ كِتَابِي؟

لَا، هُوَ كِتَابِي.

3 다음 표를 완성해 보세요.

	٩			٦		٤	٣		١

연습문제

التَّدْرِيبَاتُ

4 다음 그림을 보고 각각의 개수를 아랍어로 써 보세요.

____

____

____

____

5 숫자를 듣고 아랍어로 써 보세요. Track 22

.__________________________ 1

.__________________________ 2

.__________________________ 3

.__________________________ 4

.__________________________ 5

아랍어 쓰기 연습 03

※ 다음 단어를 빈칸에 써 보세요.

				كِتَابٌ	**كِتَابٌ** 책
				كِتَابٌ	
				هَذِهِ	**هَذِهِ** 이것 / 이 분 (여성)
				هَذِهِ	
				أُسْتَاذٌ	**أُسْتَاذٌ** 교수님
				أُسْتَاذٌ	
				آسِفٌ	**آسِفٌ** 죄송합니다
				آسِفٌ	
				عِنْدِي	**عِنْدِي** 나에게 있다
				عِنْدِي	

문화 03

아랍의 예술

아랍의 미술과 음악

아랍인들은 종교의 영향으로 조각상을 만들거나 인물화를 그리지 못했습니다. 그 대신 아라베스크라고 불리는 독특하고 기하학적인 문양과 창의적이고 아름다운 서예를 발전시켰습니다. 아라베스크는 건축물의 외관을 화려하게 장식하는 데 이용되었습니다.

전통 음악은 주로 북과 같은 타악기와 '우드'(عُودٌ)라고 불리는 현악기를 사용하여 연주합니다. 리듬이나 박자는 단조롭고 반복적이지만 경쾌하게 흥을 돋우는 것이 특징입니다.

아랍 음악은 서양의 음악에도 큰 영향을 주었습니다. 우리가 서양 악기라고 알고 있는 기타나 하프 같은 악기들은 아랍의 악기들에서 유래되었습니다.

▲ 아랍의 서예

▲ 우드로 연주하는 아랍 가수

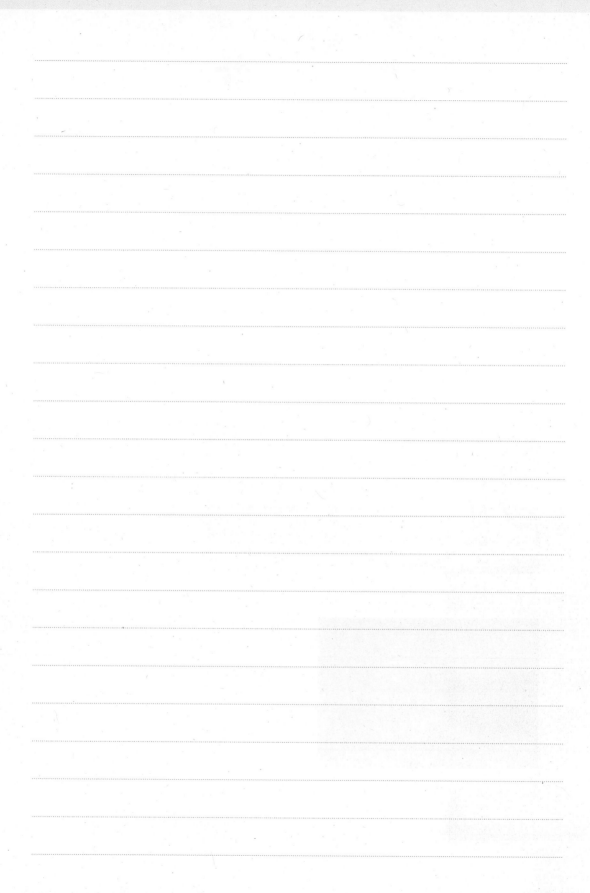

04 배가 고파요.

أَنَا جَوْعَانُ

학습목표 الأَهْدَافُ

- الطَّعَامُ 음식
- الطَّعَمُ 맛
- فِعْلُ "أُرِيدُ" 동사 '원하다'의 활용
- السُّؤَالُ عَنْ السِّعْرِ 가격 묻기
- الاِسْتِفْهَامُ(1) 의문사(1)

회화 المُحَادَثَةُ

١ أَنَا جَوْعَانُ جِدًّا Ana Jaw'aanu Jid'dan

Track 23

مُحَمَّد : مَسَاءَ الخَيْرِ يَا أُمِّي.

الأُمّ : مَسَاءَ النُّورِ يا مُحَمَّد.

مُحَمَّد : أنَا جَوْعَانُ جِدًّا.

الأُمّ : هَيّا نَأْكُلْ الدَّجَاجَ.

مُحَمَّد : أَيْنَ أَبِي؟

الأُمّ : فِي السُّوقِ، سَيَعُودُ بَعْدَ قَلِيلٍ.

Muh'am'mad : Masaa'a Al-khayri Ya 'Um'mee.
Al'aum'mu : Masaa'a Ann'nouri Ya Muh'am'mad.
Muh'am'mad : Ana Jaw'aanu Jid'dan.
Al'aum'mu : Hay'ya N'akulu Add'dajaaj.
Muh'am'mad : 'Ayna' Abee?
Al'aum'mu : Fi As'souqi, Saya'oudu Ba'da Qaleel.

٢ أُرِيدُ كَبَابًا 'Ureedu Kabaaban

الأَبُ : مَاذَا تَأْكُلُ يَا مُحَمَّد؟

مُحَمَّد : أُرِيدُ كَبَابًا.

الأَبُ : أَنَا أَيْضًا أُرِيدُ كَبَابًا. مَعْ خُبْزٍ وَسَلَطَةٍ.

مُحَمَّد : الكَبَابُ لَذِيذٌ جِدًّا.

الأَبُ : أُرِيدُ فَطِيرَةَ التُّفَّاحِ أَيْضًا. هِيَ حُلْوَةُ المَذَاقِ.

مُحَمَّد : وَأُرِيدُ مَاءً أَيْضًا.

Al-'aab : Maadha T'akulu Ya Muh'am'mad?
Muh'am'mad : 'Ureedu Kabaaban.
Al-'aab : 'Ana 'Ayd'an 'Ureedu Kabaaban. Ma' Khubzin Wasalat'a.
Muh'am'mad : Alkbaabu Ladheedhun Jid'dan.
Al-'aab : 'Ureedu Fat'eerata Att'tufah'i 'Ayd'an. Heya H'ulwatu Almadhaq.
Muh'am'mad : Wa'ureedu Maa'an 'Ayd'an.

٣ بِكَمْ هَذَا السَّمَكُ؟ Bikam Haadha As-s'samaku?

البَائِعُ : أَهْلًا وَسَهْلًا.

الأُمُّ : أَهْلًا بِكَ. بِكَمْ هَذَا السَّمَكُ؟

البَائِعُ : بِخَمْسَةِ دَنَانِير.

الأُمُّ : هَلْ عِنْدَكَ دَجَاجٌ أَيْضًا؟

البَائِعُ : نَعَمْ. عِنْدِي.

الأُمُّ : بِكَمِ الوَاحِدَةُ؟

البَائِعُ : بِدِينَارٍ وَاحِدٍ.

Al-ba'i'u : Ahlan Wasahlan.
Al'um'mu : Ahlan Bika. Bikam Haadha As-s'amak?
Al-ba'i'u : Bikhamsati Danaaneer.
Al'um'mu : Hal 'Indaka Dajaajun 'Ayd'an?
Al-ba'i'u : Na'am .'Indee
Al'um'mu : Bikami El-Waah'ida?
Al-ba'i'u : Bideenarin Waah'id.

해석 التَّرْجَمَةُ

1 배가 너무 고파요!

무함마드	어머니, 좋은 저녁이에요.
어머니	무함마드, 좋은 저녁이구나.
무함마드	배가 너무 고파요.
어머니	닭고기를 먹자.
무함마드	아버지는 어디에 계세요?
어머니	장을 보러 갔단다. 조금 이따 오실 거야.

2 케밥을 원해요.

아버지	무함마드, 무엇을 먹고 싶니?
무함마드	케밥을 먹고 싶어요.
아버지	나는 케밥과 샐러드와 빵을 먹고 싶구나.
무함마드	케밥이 너무 맛있어요.
아버지	그리고 애플 파이도 먹고 싶다. 맛이 달콤해.
무함마드	아, 물도 마시고 싶어요.

3 이 생선이 얼마예요?

판매자	어서 오세요!
어머니	안녕하세요. 이 생선이 얼마예요?
판매자	5 디나르예요.
어머니	닭도 있어요?
판매자	네, 있어요.
어머니	한 마리에 얼마예요?
판매자	1 디나르예요.

새단어 كَلِمَاتُ الدَّرْسِ

قَلِيلٌ	qaleelun	조금
أَيْنَ	'ayna	어디
مَاءٌ	maa'un	물
أَهْلًا وَسَهْلًا	'ahlan wasahlan	어서오세요, 환영합니다
أَهْلًا بِكَ	'ahlan bika	환영에 대한 대답
السَّمَكُ	als'samaku	생선
دِينَارٌ	deenarun	디나르(화폐단위)
دَنَانِيرَ	danaaneera	디나르(복수형)
بَعْدَ	ba'da	이따, 후에
فَطِيرَةٌ	fat'eeratun	파이
الوَاحِدَةُ	alwaah'idtu	한 개
كَبَابٌ	kabaabun	케밥
الدَّجَاجُ	ad'dajaaju	닭고기
أَيْضًا	'ayd'an	또한, ~도
فِي	fee	~에, ~에서
مَعَ	ma'	~와 함께

كَلِمَاتُ الدَّرْس 새 단 어

시장	ass'ouqu	السُّوقُ
빵	khubzun	خُبْزٌ
샐러드	salat'atun	سَلَطَةٌ
달콤한	h'ulwatu	حُلْوَةٌ
배고픈	jaw'aanu	جَوْعَانُ
무엇(의문사)	maadha	مَاذَا
매우	jid'dan	جِدًّا
먹다(현재형, 2인칭)	ta'akulu	تَأْكُلُ
~합시다	hay'ya	هَيَّا
원하다(현재형, 1인칭)	'ureedu	أُرِيدُ
먹다(현재형, 1인칭 복수)	na'akulu	نَأْكُلُ
돌아가다(미래형, 3인칭 남성)	saya'oudu	سَيَعُودُ
사과	att'tufah'u	التُّفَاحُ
얼마입니까?	bikam?	بِكَمْ؟

어휘 المُفْرَدَات

01 음식 الطَّعَامُ

우리가 자주 먹는 음식을 아랍어로 알아봅시다.

닭고기	Dajaajun دَجَاجٌ	생선	Samakun سَمَكٌ
물	Maa'un مَاءٌ	우유	H'aleebun حَلِيبٌ
치즈	Jubnun جُبْنٌ	빵	Khubzun خُبْزٌ
고기	Lah'mun لَحْمٌ	밥	'Urzun أُرْزٌ

02 맛 الطَّعْمُ

맛을 표현하는 말을 아랍어로 알아봅시다.

맛없는	Laysa Ladheedhan لَيْسَ لَذِيذًا	맛있는	Ladheedhun لَذِيذٌ
느끼한	Dasimun دَسِمٌ	싱거운	Qaleelu Almalh'i قَلِيلُ المَلْحِ
단	H'ulwun حُلْوٌ	무(無)맛인	Bila T'a'min بِلَا طَعْم
신	H'aamid'un حَامِضٌ	짠	Maalih'un مَالِحٌ
쓴	Mur'run مُرٌّ	매운	H'aar'run حَارٌّ

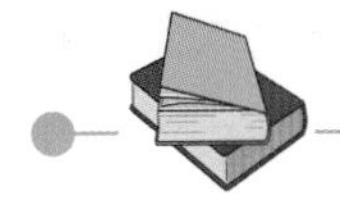

01 동사 '원하다'의 활용 فِعْلُ "أُرِيدُ"

아랍어 동사 소개

대부분의 아랍어는 품사와 상관없이 기본적으로 어근이 3개의 자음으로 구성되어 있습니다. 이렇게 어근이 3개의 자음으로 구성된 3인칭 남성 단수 과거형 (فَعَلَ, فَعُلَ, فَعِلَ)을 동사 원형이라 하며, 원형을 중심으로 여러 가지 형태의 단어들이 만들어 집니다. 예를 들어 '~을 알다, 이해하다'라는 뜻의 'عَلِمَ / Alima/' 원형 동사를 기본으로 '교육' تَعْلِيمٌ, '선생님' مُعَلِّمٌ 등의 단어가 파생됩니다.

아랍어 동사는 1형식부터 10형식을 중심으로 활용되며, 주어의 성별과 수에 따라 규칙적인 변화를 합니다. 본 교재는 각 과의 회화 부분에 나오는 동사를 통해 아랍어 동사 활용 규칙을 알아보도록 하겠습니다.

다음은 동사 '원하다(أُرِيدُ)'의 인칭대명사에 따른 활용 형태입니다.

نَحْنُ	هِيَ	هُوَ	أَنْتِ	أَنْتَ	أَنَا
نُرِيدُ Nureedu	تُرِيدُ Tureedu	يُرِيدُ Yureedu	تُرِيدِينَ Tureedeena	تُرِيدُ Tureedu	أُرِيدُ 'Ureedu
1인칭 복수	3인칭(여)	3인칭(남)	2인칭(여)	2인칭(남)	1인칭

보기

1 أُرِيدُ سَمَكًا. / 'Ureedu Samakan. / 저는 생선을 원합니다.

2 نُرِيدُ دَجَاجًا. / Nureedu Dajaajan. / 우리는 닭고기를 원합니다.

3 هَلْ تُرِيدُ لَحْمًا؟ / Hal Tureedu Lah'man? / 당신(남성)은 고기를 원합니까?

4 يُرِيدُ مُحَمَد قَلَمًا. / Yureedu Muh'amad Qalaman. / 무함마드가 펜을 원합니다.

5 تُرِيدُ مَنَار كِتَابًا. / Tureedu Manar Kitaaban. / 마나르가 책을 원합니다.

6 أَنْتِ تُرِيدِينَ بَيْتًا. / 'Anti Tureedeena Baytan. / 당신(여성)은 집을 원합니다.

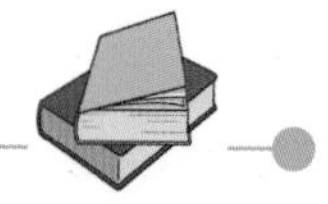

02 가격 묻기 السُّؤَالُ عَنِ السِّعْرِ

가격을 물어볼 때에는 살 물건의 성을 확인하고 그에 맞는 지시대명사를 써야 합니다. 예컨대, 가방 حَقِيبَةٌ /H'aqeebatun/은 여성형이기 때문에 지시대명사 هَذِهِ /Haadhihi/를 써야 합니다.
또한, 가격을 말할 때는 규칙이 있습니다. 2 디나르를 말할 때는, 숫자 2를 쓰지 않고 디나르의 쌍수형 دِينَارَيْنِ /Deenarain/을 단독으로 써주고, 3~10까지는 숫자와 함께 '디나르'의 복수형 소유격인 دَنَانِيرَ /Danaaneer/, 11~99까지는 단수형 목적격인 دِينارًا, 100, 200, 300.... 은 단수형 소유격 دِينارٍ 을 써야 합니다.

규칙

بِـ + دِينَارَيْنِ
بِـ + ٣ - ١٠ + دَنَانِيرَ
بِـ + ١١ - ٩٩ + دِينارًا
بِـ + ١٠٠ ,٢٠٠, ... + دِينارٍ

보기

1 مَنَار : بِكَمْ هَذَا الكِتَابُ؟ / Bikam Hadha Al-kitabu? / 이 책이 얼마입니까?
البَائِعُ : بِخَمْسَةِ دَنَانِيرَ. / Bikhamsati Dananeera. / 5 디나르입니다.

2 مَنَار : بِكَمْ هَذَا / هَذِهِ؟ / Bikam Hadha / Hadhihi? / 이것은 얼마입니까?
البَائِعُ : بِدِينَارٍ وَاحِدٍ. / Bideenarin Waah'idin. / 1 디나르입니다.

3 مَنَار : بِكَمْ التُّفَّاحُ؟ / Bikam At-tuf'fah'u? / 사과는 얼마입니까?
البَائِعُ : بِدِينَارَيْنِ. / Bideenarayni. / 2 디나르입니다.

4 مَنَار : بِكَمْ السَّمَكُ؟ / Bikam As-s'samaku? / 생선은 얼마입니까?
البَائِعُ : بِسَبْعَةِ دَنَانِيرَ. / Bisab'ati Dananeera. / 7 디나르입니다.

03 의문사(1) الِاسْتِفْهَامُ(1)

1) 얼마 / 몇 كَمْ

'얼마' 또는 '몇'을 뜻하는 의문사 ' كَمْ '은 뒤에 명사가 오면 의문어구를 이루며, 이때 명사는 항상 단수, 비한정 상태, 목적격 형태를 취해야 합니다. 또한 의문어구가 주어가 되면 동사는 3인칭 단수형을 취해야 합니다.

보 기

1 كَمْ وَلَدًا لَكَ؟ / Kam Waladan Laka? / 자녀는 몇 명 있습니까?

2 كَمْ طَالِبًا ذَهَبَ إِلَى كُورْيَا؟ 몇 명의 학생이 한국에 갔습니까?
/ Kam T'aaliban Dhahaba Ila Kourya? /

3 كَمْ قَلَمًا مَعَكَ؟ / Kam Qalaman Ma'aka? / 펜이 몇 개 있습니까?

2) 무엇 مَا، مَاذَا

한국어의 '무엇'에 해당하는 아랍어 의문사는 두 개가 있으며 각각 다른 경우에 씁니다. 의문사 ' مَا /Maa/'는 한국어 '~입니까?'와 같은 역할을 하고, 문장 맨 앞에 쓰이며 뒤에 명사를 동반합니다.

보 기

1 مَا هَذَا؟ / Maa Haadha? / 이것은 무엇입니까?

2 مَا اِسْمُكِ؟ / Maa Ismuka? / 이름이 무엇입니까?

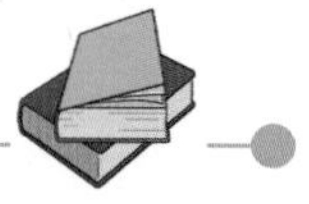

의문사 ' مَاذَا /Maadha/'는 동사문의 주어나 목적어에 대해 물을 때 사용하는 의문사입니다.

보 기

1 مَاذَا دَرَسْتَ؟ / Maadha Darasta? / 너는 무엇을 공부했니?

2 مَاذَا تَفْعَلُ؟ / Maadha Taf'al? / 너는 무엇을 하니?

3) ~입니까 / ~습니까? هَلْ

의문사 هَلْ 는 '네' 또는 '아니오' 대답을 요구하는 의문문에서 문장 맨 앞에 쓰입니다. 이 의문사로 시작하는 문장은 끝을 약간 올려서 말합니다.

보 기

1 هَلْ أَنْتَ عَرَبِيٌّ؟ / Hal 'Anta 'Arabiyun? / 당신은 아랍사람입니까?

2 هَلْ هِيَ كُورِيَّةٌ؟ / Hal Heya Kouriyatun? / 그녀는 한국사람입니까?

3 هَلْ تُرِيدُ حَلِيبًا؟ / Hal Tureedu H'aleeban? / 당신(남)은 우유를 원합니까?

연습문제

التَّدْرِيبَاتُ

1 <보기>의 단어를 이용해 문장을 완성해 보세요.

<보기>

دَنَانِيرَ   بِكَم   يُرِيدُ

1 ________ هٰذَا؟

2 هٰذَا بِسَبْعَةِ ________.

3 مُحَمَّدٌ ________ حَلِيبًا.

2 <보기>와 같이 '~을 원하다'라는 동사를 써서 다음 대화를 완성해 보세요.

	<보기> **البَائِعُ : هَلْ تُرِيدُ خُبْزًا؟** **مُحَمَّد : نَعَمْ، أُرِيدُ خُبْزًا.**
	**البَائِعُ : هَلْ ______ جُبْنًا؟** **الأُمُّ : هَلْ هُوَ مَالِحٌ؟** **البَائِعُ : لَا، هُوَ حُلْوٌ.**
	**أَحْمَد والأَصْدِقَاء : هَلْ عِنْدَكَ تُفَّاحٌ؟** **البَائِعُ : نَعَمْ، عِنْدِي تُفَّاحٌ لَذِيذٌ.** **أَحْمَد والأَصْدِقَاء : ______ تُفَّاحًا وَمَوْزًا.**

연습문제 التَّدْرِيبَاتُ

3 다음 그림에 맞게 가격을 묻고 답해 보세요.

4 다나르	مَنَار: بِكَمْ هَذَا الخُبْزُ؟ البَائِعُ: ______ دَنَانِيرَ.
7 다나르	مَنَار: ______ هَذَا السَّمَكُ؟ البَائِعُ: بِـ ______ دَنَانِيرَ.

4 <보기>의 의문사를 이용해 의문문을 만들어 보세요.

<보기>
هَلْ مَا مَاذَا

1 ______ اِسْمُكَ؟

2 ______ تُرِيد؟

3 ______ أَنْتِ مَنَار؟

5 다음 대화를 듣고 알맞은 가격을 써 보세요.

مَنَار : بِكَمْ هَذَا؟

البَائِعُ : بِـ ______ دَنَانِيرَ.

مَنَارْ : وَبِكَمْ هَذَا؟

البَائِعُ : بِـ ______ دَنَانِيرَ.

아랍어 쓰기 연습 04

※ 다음 단어를 빈칸에 써 보세요.

단어	뜻	쓰기				
جَوْعَانُ	배고픈	جَوْعَانُ				
		جَوْعَانُ				
خُبْزٌ	빵	خُبْزٌ				
		خُبْزٌ				
لَذِيذٌ	맛있는	لَذِيذٌ				
		لَذِيذٌ				
أُرِيدُ	나는 원한다	أُرِيدُ				
		أُرِيدُ				
بِكَمْ	얼마	بِكَمْ				
		بِكَمْ				

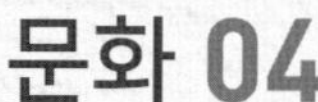

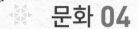

문화 04

아랍인의 식생활

아랍인의 주식

아랍인들도 한국 사람처럼 쌀을 먹긴 하지만 주식은 빵과 고기입니다. 주로 구이 음식이 발달되어 있는데 일반적으로 '마샤위' (مَشَاوِي)라고 부릅니다.

마샤위는 아랍 고유의 음식이라기 보다 터키, 이란, 인도 등 주변 국가의 영향을 받은 음식입니다. 북아프리카의 아랍인들은 좁쌀 크기로 말린 밀가루 위에 여러가지 야채와 고기를 얹어서 만든 '쿠스쿠시' (كُسْكُسِي)를 즐겨 먹으며, 이집트, 요르단, 시리아, 레바논의 아랍인들은 맛자 (مَزَّة)라고 불리는 전체 요리를 즐겨 먹습니다.

▲ 쿠스쿠시

▲ 마샤위(고기 구이)

금기 음식과 허용되는 음식

무슬림들은 종교적인 이유로 술과 돼지고기를 먹지 않습니다. 꾸란에서는 죽은 고기, 피가 흐르는 날 것, 알라 이외의 이름으로 도살된 동물의 고기, 교살 당한 동물의 고기, 때려잡은 동물의 고기, 추락사한 동물의 고기, 야수가 먹고 남긴 고기, 그리고 도박에서 분배된 고기 등을 먹지 못하게 금지하고 있습니다. 규정된 도살법은 '알라의 이름으로 알라는 위대하다' 라고 외치면서 예리한 칼을 사용하여 한번에 경동맥과 숨통을 절개하는 것(가장 고통을 주지 않고 도살하는 방법)입니다. 이런 방법으로 도살한 음식을 '할랄' (حَلَالْ) 이라고 부르는데 이런 음식은 포장지에 '할랄'이라는 표시가 있습니다.

▲ 할랄 음식 마트

05 지금 몇 시입니까?

كَمِ السَّاعَةُ الآنَ؟

학습목표 الأَهْدَافُ

- الوَقْتُ 시간
- أَيَّامُ الأُسْبُوعِ 요일
- السُّؤَالُ عَنِ الوَقْتِ 시간 묻기
- الشُّهُورُ 월 명칭
- صِيغَةُ الجَمْعِ السَّالِمِ 복수형

١ كَمِ السَّاعَةُ الآنَ؟ Kam Ass'sa'atu Al-'aan?

مُحَمَّد : لَو سَمَحْتَ، كَمِ السَّاعَةُ الآنَ؟

طَالِب : السَّاعَةُ الآنَ الوَاحِدَة وَالرُّبْعُ.

مُحَمَّد : شُكْرًا جَزِيلًا.

طَالِب : عَفْوًا.

Muh'am'mad : Law Samah'ta, Kam As-s'sa'atu Al-'aan?

T'aalibun : As-s'sa'atu Al-'aana Al-waah'ida Warr'rub'u.

Muh'am'mad : Shukran Jazeelan.

T'aalibun : Afwan.

٢ مَا اليَوْمُ؟ Ma al-yawmu?

مَنَار : مَرحَبًا يا جَمِيلَة.

جَمِيلَة : أهْلًا يَا مَنَار. كَيْفَ الحَالُ؟

مَنَار : أنَا بِخَيْرٍ. الحَمْدُ لِله. مَا اليَوْمُ يَا جَمِيلَة؟

جَمِيلَة : اليَوْمُ هُوَ السَّبْتُ.

مَنَار : حَقًّا؟

Manar : Marh'aban Ya Jameela.

Jameela : Ahlan Ya Manar. Kayfa Alh'aalu?

Manar : Ana Bikhayrin. Al-h'amdu Lillahi. Ma al-yawmu Ya Jameela?

Jameela : Al-yawmu Huwa As-s'sabtu.

Manar : H'aq'qan?

٣ مَا تَارِيخُ الغَدِ؟ Ma Taareekhu Al-ghad'di?

جَمِيلَة : السَّلَامُ عَلَيْكُمْ يا هَانِي.

هَانِي : وَعَلَيْكُمُ السَّلَامُ يا جَمِيلَة.

جَمِيلَة : هَلْ عِنْدَكَ وَقْتٌ غَدًا؟

هَانِي : نَعَمْ، وَلَكِنْ مَا تَارِيخُ الغَدِ؟

جَمِيلَة : غَدًا السَّابِعُ مِنْ أَبْرِيل سَنَةَ ٢٠١٥.

Jameela : As-s'salamu Alaykum Ya Hanee.
Hanee : Wa'alaykumu As-s'salam Ya Jameela.
Jameela : Hal 'Indaka Waqtun Ghadan?
Hanee : Na'am, Walaakin Ma Taareekhu Al-gh'ad?
Jameela : Ghadan As-s'sabi'u Min 'Abreel Sanata 2015.

해석 التَّرْجَمَةُ

1 지금 몇 시입니까?

무함마드	실례지만 지금 몇 시입니까?
학생	지금 1시 15분입니다.
무함마드	감사합니다.
학생	천만에요.

2 오늘이 무슨 요일이에요?

마나르	안녕하세요, 자밀라씨.
자밀라	안녕하세요, 마나르씨. 잘 지내요?
마나르	네, 잘 지내요. 오늘이 무슨 요일이에요?
자밀라	오늘은 토요일이에요.
마나르	정말요?

3 내일 며칠이에요?

자밀라	안녕하세요, 하니씨.
하니	안녕하세요, 자밀라씨.
자밀라	내일 시간 있어요?
하니	시간은 있지만, 내일이 몇 월 며칠이에요?
자밀라	내일은 2015년 4월 7일이에요.

새단어 كَلِمَاتُ الدَّرْسِ

무엇	ma	مَا
년	sanatun	سَنَةٌ
요일, 오늘	alyawmu	اليَوْمُ
일곱째	ass'sabi'u	السَّابِعُ
정말?	h'aq'qan?	حَقًّا؟
4월	'abreel	أَبْرِيل
내일	ghadan	غَدًا
날짜, 역사	tareekhun	تَارِيخٌ
실례합니다	law samah't	لَوْ سَمَحْتَ
몇	kam	كَمْ
시, 시계	ass'sa'atu	السَّاعَةُ
지금	al'aan	الآنَ
대단히 감사합니다	shukran jazeelan	شُكْرًا جَزِيلاً
시간	waqtun	وَقْتٌ
천만에요	'afwan	عَفْوًا
~지만, 그런데	walakin	وَلَكِنْ

어휘 المُفْرَدَات

01 시간 الوَقْتُ

시간 관련 어휘를 배워 봅시다.

아침	S'abaah'an صَبَاحًا	새벽	Fajran فَجْرًا
정각	Tamaman تَمَامًا	저녁, 오후	Masaa'aan مَسَاءً
50분	Iil'la 'Asharaa إِلَّا عَشَرَة	10분	Wa'asharaa وَعَشَرَة
55분	Iil'la Khamsaa إِلَّا خَمْسَة	5분	Wkhamsaa وخَمْسَة
45분	Il'la Rub'u إِلَّا رُبْع	15분	War'rubu'u وَالرُّبْع
40분	Il'la Thulth إِلَّا ثُلْث	20분	Wath'huluthu وَالثُّلُثُ
35분	Wanis'f Wakhamsaa وَنِصْف وَخَمْسَة	30분	Wan'nis'fu وَالنِّصْفُ
		25분	Wanis'f Iil'la Khamsaa وَنِصْف إِلَّا خَمْسَة

02 요일 أَيَّامُ الأُسْبُوعِ

아랍에서는 나라마다 조금씩 다르지만 일반적으로 일요일부터 목요일까지가 평일이고 금요일과 토요일은 주말입니다. 금요일이 공통 주말인 이유는 무슬림들이 그 날을 명절이라고 생각하기 때문입니다. 금요일에는 특별한 기도 시간이 있으며 가족끼리 모여 음식을 함께 만들어 먹습니다.

الجُمْعَةُ	الخَمِيسُ	الأَرْبِعَاءُ	الثُّلَاثَاءُ	الاِثْنَيْنُ	الأَحَدُ	السَّبْتُ
Aljum'atu	Alkhameesu	Al'arbi'a'au	Ath-thulatha'au	Al-ithnaynu	Al'ah'adu	Ass'sabtu
금요일	목요일	수요일	화요일	월요일	일요일	토요일

어휘 المُفْرَدَات

보기

1 مَنَار: مَا اليَوْمُ؟ / Ma Al-yawmu? / 오늘이 무슨 요일이에요?

2 سَامِر: اليَوْمُ هُوَ الأَحَد. / Al-yawmu Huwa Al'ah'ad / 오늘은 일요일입니다.

03 시간 묻기 السُّؤَالُ عَنِ الوَقْتِ

질문

كَمِ السَّاعَةُ الآنَ؟ / Kam A s-s'sa'atu Al-'ana? / 지금 몇 시입니까?

1시	الوَاحِدَة Al-waah'ida	السَّاعَةُ الآنَ As-s'sa'atu Al-'ana
2시	الثَّانِيَة Ath-th'haaneya	
3시	الثَّالِثَة Ath-th'haalitha	
4시	الرَّابِعَة Ar-r'raabi'a	
5시	الخَامِسَة Alkhaamisa	
6시	السَّادِسَة Ass'saadisa	
7시	السَّابِعَة Ass'saabi'a	
8시	الثَّامِنَة Ath-th'haamina	
9시	التَّاسِعَة At'taasi'a	
10시	العَاشِرَة Al'aashira	
11시	الحَادِيَةَ عَشْرَةَ Alh'adeyata Aasharta	
12시	الثَّانِيَةَ عَشْرَةَ Ath-thaaneyata Aasharata	

04 월 명칭 الشُّهُورُ

아랍에서 사용하는 월 명칭은 많습니다. 이슬람 달력에 따라 쓰는 명칭이 있고, 아랍어 월 명칭도 따로 있습니다. 또한 오늘날 많이 사용하는 영어에서 차용된 월 명칭도 있습니다. 본 교재에서는 영어에서 차용된 월 명칭을 배우기로 합니다.

يُونْيُو	مَايُو	أَبْرِيل	مَارِس	فِبْرَايِر	يَنَايِر
Younyou	Mayo	'Abreel	Maris	Fibrayir	Yanayir
6월	5월	4월	3월	2월	1월

دِيسِمْبِر	نُوفِمْبَر	أُكْتُوبَر	سِبْتِمْبَر	أَغُسْطُس	يُولْيُو
Deesimbir	Noufimbar	'Uktoubar	Sibtimbar	'Aghust'us	Youlyou
12월	11월	10월	9월	8월	7월

월 명칭에 이어 이제 아랍어로 날짜를 쓰는 법을 배우도록 하겠습니다. 아랍어로 날짜를 쓸 때는 한국어와 반대로 일, 월, 년 순으로 표기합니다.

보기

مَنَار : مَا تَارِيخُ اليَوْمِ؟ / Ma Tareekhu Al-yawmi? / 오늘은 몇 월 며칠인가요?

أَحْمَدْ : اليَوْمُ ١ أَبْرِيلْ سَنَةَ ٢٠١٥

오늘은 2015년 4월 1일입니다. / Al-yawmu Waah'id 'Abreel Sanata 'Alfayni Wakhamsata Ashar. /

규칙 년 + 월 + 일 + اليَوْمُ (오른쪽부터)

보기

اليَوْمُ + ٦ + أَغُسْطُسْ + سَنَةَ ٢٠١٥

오늘은 2015년 8월 6일입니다. / Al-yawmu Sitta 'Aghustus Sanata 'Alfayni Wakhamsata Ashar /

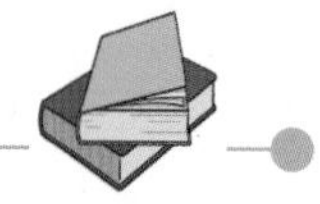

01 복수형 صِيغَةُ الْجَمْعِ السَّالِمِ

아랍어 명사의 수에는 단수, 쌍수(둘), 복수(셋 이상) 이렇게 세 가지가 있습니다. 명사의 복수형은 크게 규칙 복수형과 불규칙 복수형으로 나눌 수 있습니다. **규칙 복수형**은 명사의 끝에 일정한 어미를 붙여서 만들고, 불규칙 복수형은 평소 사전을 통해 단수형과 함께 알아 두도록 합니다.

여기서는 규칙 복수형을 배워 봅시다.

규칙 복수형의 접미사

	남성	여성
주격	/ ~ouna / ـُونَ	/ ~aatun / ـَاتٌ
목적격 / 소유격	/ ~eena / ـِينَ	/ ~aatin / ـَاتٍ

남성 규칙 복수는 단수 어미에 ـُونَ / ~ouna /, ـِينَ / ~eena /를 붙여 만들고, 여성 규칙 복수는 ة 를 제외한 후 ـَاتٌ / ~aatun /, ـَاتٍ / ~aatin /을 붙여 만듭니다. 다음 보기를 통해서 그 변화를 살펴보겠습니다.

선생님들	남성	여성
주격	Mudar'risouna مُدَرِّسُونَ	Mudar'risaatun مُدَرِّسَاتٌ
목적격 / 소유격	Mudar'riseena مُدَرِّسِينَ	Mudar'risaatin مُدَرِّسَاتٍ

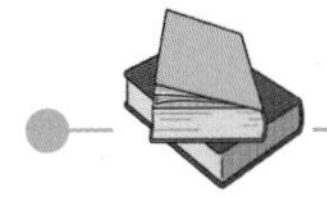

문법 및 표현 الْقَوَاعِدُ وَالتَّعَابِيرُ

남성 및 여성 규칙 복수

명사의 남성 규칙 복수형을 살펴봅시다.

복수	단수	의미
Mudar'risouna مُدَرِّسُونَ	Mudar'risun مُدَرِّسٌ	선생님
Muwath'afouna مُوَظَّفُونَ	Muwath'afun مُوَظَّفٌ	직원

여성 규칙 복수형은 여성인 사람이나 여성형 사물을 가리키는 단어에 사용됩니다. 다음 여자들을 가리키는 단어의 복수형을 살펴봅시다.

복수	단수	의미
T'alibaatun طَالِبَاتٌ	T'aalibatun طَالِبَةٌ	여학생
Mudeeraatun مُدِيرَاتٌ	Mudeeratun مُدِيرَةٌ	여사장
Mudar'risaatun مُدَرِّسَاتٌ	Mudar'risatun مُدَرِّسَةٌ	여선생
S'adeeqaatun صَدِيقَاتٌ	S'adeeqatun صَدِيقَةٌ	여자친구
Ra'ieesaatun رَئِيسَاتٌ	Ra'ieesatun رَئِيسَةٌ	여대통령
'Anisaatun آنِسَاتٌ	Anisatun' آنِسَةٌ	아가씨

일반적으로 사람을 나타내고 ـة 로 끝나는 여성 단수 명사는 ـاتٌ 으로 복수형을 만듭니다.
또한, 대부분의 여성 형용사는 여성 규칙 복수형을 취합니다.

보기

1 مُدَرِّسَاتٌ جَدِيدَاتٌ. / Mudar'risaatun Jadeedaatun. / 새로운 여자 선생님들

2 صَدِيقَاتٌ جَمِيلَاتٌ. / S'adeeqaatun Jameelaatun. / 예쁜 여자 친구들

연습문제 التَّدْرِيبَاتُ

1 <보기>의 단어를 이용해 문장을 완성해 보세요.

<보기>
مَايُو　　الْجُمْعَةُ الْخَامِسَةُ وَالنِّصْفُ

1 مَا تَارِيخُ الْيَوْمِ؟

الْيَوْمُ ٤ ____________ سَنَةَ ٢٠١٥.

2 غَدًا يَوْمُ ____________.

3 السَّاعَةُ الْآنَ ____________.

2 다음 각 그림이 나타내는 시간을 써 보세요.

-  ____________.
-  ____________.
-  ____________.

연습문제

التَّدْرِيبَاتُ

❸ 날짜를 아랍어로 써 보세요.

- 2014년 7월 28일 ______________________
- 1999년 12월 17일 ______________________
- 2009년 1월 30일 ______________________

❹ 다음 대화를 듣고 문장을 완성하세요. Track 36

1 جَمِيلَة : كَمِ السَّاعَةُ الآنَ؟
مُحَمَّد : السَّاعَةُ الآنَ ______________________.

2 جَمِيلَة : كَمِ السَّاعَةُ الآنَ؟
مُحَمَّد : السَّاعَةُ الآنَ ______________________.

3 مَنَار : مَا اليَوْمَ؟
مُحَمَّد : اليَوْم ______________________.

4 مَنَار : مَا تَارِيخُ اليَوْمِ؟
مُحَمَّد : اليَوْم ______________________.

❺ 다음 단수형 단어들을 복수형으로 바꿔 보세요.(남성 복수형과 여성 복수형을 잘 구분해 보세요.)

1 مُعَلِّمٌ : ______________________
2 مُعَلِّمَةٌ : ______________________
3 كَاتِبَةٌ : ______________________
4 مُوَظَّفَةٌ : ______________________

아랍어 쓰기 연습 05

※ 다음 단어를 빈칸에 써 보세요.

				السَّاعَةُ	**السَّاعَةُ** 시계 / ~시
				السَّاعَةُ	

				السَّبْتُ	**السَّبْتُ** 토요일
				السَّبْتُ	

				تَارِيخٌ	**تَارِيخٌ** 날짜
				تَارِيخٌ	

				السَّاعَةُ الوَاحِدَةُ	**السَّاعَةُ الوَاحِدَةُ** 1시
				السَّاعَةُ الوَاحِدَةُ	

				سِبْتَمْبِر	**سِبْتَمْبِر** 9월
				سِبْتَمْبِر	

문화 05

아랍 무슬림들의 예배와 명절

아랍 무슬림들의 예배

아랍인은 대부분 무슬림(이슬람교 신자)이며 하루에 다섯 차례 예배를 합니다. 다섯 번의 예배 시간은 다음과 같습니다.

العِشَاءُ	المَغْرِبُ	العَصْرُ	الظُّهْرُ	الفَجْرُ
저녁 예배	일몰 직후의 예배	오후 예배	정오 예배	일출 직전의 예배

또 예배를 하기 전에는 손, 발, 얼굴, 그리고 목 등을 깨끗하게 씻어야 합니다. 이 행위를 وُضُوءٌ (우두)라고 합니다. 평일에는 집에서 예배하는 사람들이 많지만 금요일 정오에는 모스크(이슬람 사원)에 가서 다른 사람들과 함께 금요일 정오 예배를 합니다.

라마단(금식하는 한 달의 기간) 때도 저녁 예배는 모스크에 가서 평일보다 길게 하고 꾸란(이슬람교 성경)도 많이 읽습니다.

▲ 함께 예배하는 아랍인들

▲ 이슬람교의 경전 꾸란

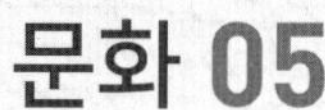

문화 05

아랍인들의 명절

아랍 세계에서 가장 큰 명절은 이슬람과 관련된 명절들입니다.

▲ 라마단 단식 기간 동안 많이 먹는 대추야자

• 이드알피뜨르 (عِيدُ الفِطْر, 단식종료제) :

이슬람에서 신성한 달로 여기는 이슬람력의 아홉 번째 달 '라마단'(رَمَضَانُ)에는 해가 뜰 때부터 해가 질 때까지 식사, 흡연, 음주, 성행위 등을 금하고 있습니다. 한달 동안의 라마단 기간이 끝나고 맞는 명절을 '이드알피뜨르'라고 합니다. 또한 라마단 단식 기간 동안 대추야자로 영양 보충을 하기도 합니다.

• 종료제는 3일 동안 하는데 친척들이 서로 안부 인사를 하며 어린이들에게 돈도 주고 서로의 집으로 놀러 다니기도 합니다. 뿐만 아니라 이 때는 모든 성인 무슬림들이 의무적으로 내야 하는 돈이 있습니다. 그 돈은 '자카트'(زَكَاةٌ)라고 부르는데, 이것은 라마단이 시작되기 전까지 가난한 사람들을 돕기 위해 모은 돈을 뜻합니다. '자카트'는 라마단 마지막 주부터 낼 수 있습니다.

• 이드알아드하 (عِيدُ الأَضْحَى, 희생제) :

희생제는 이슬람 달력으로 '둘 힛자'달 (제 12월 ذُو الحِجَّةِ, 순례의 달)에 개최되는 순례의식을 마치고 이를 축하하는 큰 명절을 말합니다. 아드하는 4일 동안 이루어지는데 기도도 하고 어린이들에게 돈도 주고 가난한 사람들에게는 고기를 줍니다. 이 때는 특별한 과자를 먹기도 하고 집 앞에는 특별한 장식을 하기도 합니다.

06 어디에서 왔습니까?

مِنْ أَيْنَ أَنْتَ؟

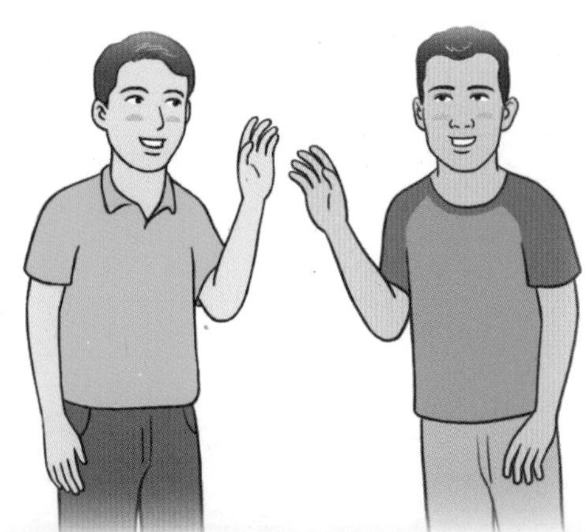

الأَهْدَافُ 학습목표

- أَسْمَاءُ الدُّوَلِ 나라 이름
- الجَوُّ 날씨
- الجِنْسِيَّةُ 국적
- يَاءُ النِّسْبَةِ 관계 형용사
- "ال" التَّعْرِيفِ 아랍어의 관사

회화 المُحَادَثَةُ

١ مِنْ أَيْنَ أَنْتَ؟ Min ‘Ayna ‘Anta?

Track 37

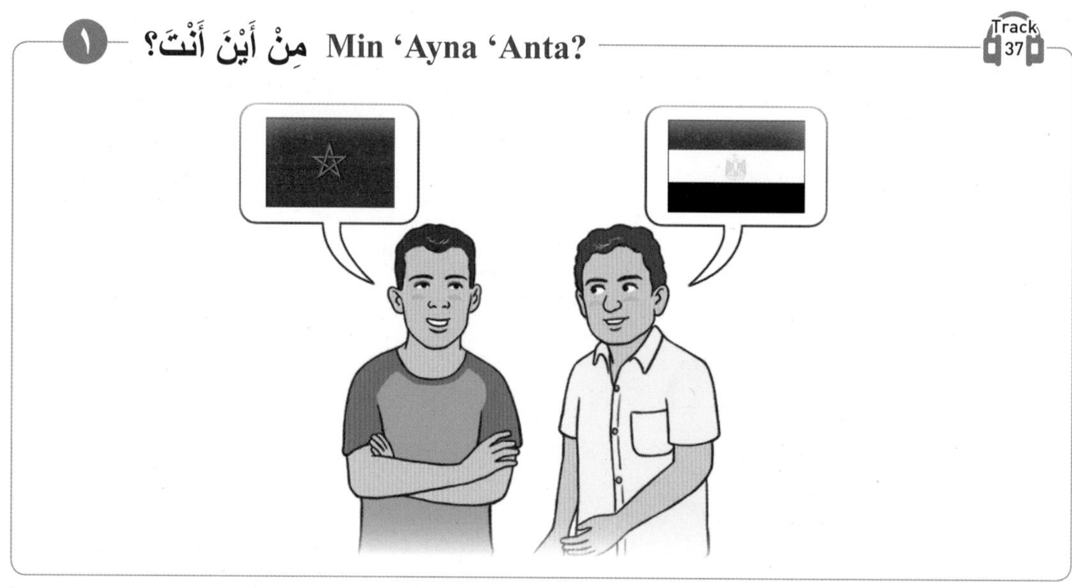

مُحَمَّد : السَّلَامُ عَلَيْكُمْ.

أَحْمَد : وَعَلَيْكُمُ السَّلَامُ.

مُحَمَّد : هَلْ أَنْتَ عَرَبِيٌّ؟

أَحْمَد : نَعَمْ.

مُحَمَّد : مِنْ أَيْنَ أَنْتَ؟

أَحْمَد : أَنَا مِنْ مِصْرَ. وَأَنْتَ؟

مُحَمَّد : أَنَا مِنَ المَغْرِبِ.

Muh’am’mad : As-s’salamu Aalaykum.
‘Ah’mad : Wa’alaykum As-s’salam.
Muh’am’mad : Hal ‘Anta ‘Arabiyun?
‘Ah’mad : Na’am.
Muh’am’mad : Min ‘Ayna ‘Anta?
‘Ah’mad : ‘Ana Min Mis’r. Wa’anta?
Muh’am’mad : Ana Mina Al-maghrib.

٢ هَلْ أنْتِ كُورِيَّةٌ؟ Hal Anti Koureyatun?

مَنَار : صَبَاحَ الخَيْرِ؟

سُو يون : صَبَاحَ النُّورِ.

مَنَار : هَلْ أنْتِ كُورِيَّةٌ؟

سُو يون : نَعَمْ، أَنَا كُورِيَّةٌ. وَأَنْتِ؟

مَنَار : أَنَا أُرْدُنِيَّةٌ.

Manar : S'abah'a Al-khayri?
Sou Yon : S'abah'a An-n'nouri.
Manar : Hal 'Anti Koriyatun?
Sou Yon : Na'am ,'Ana Koriyatun. Wa'anti?
Manar : 'Ana 'Urduniya.

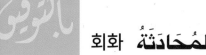

회화 المُحَادَثَة

٣ كَيْفَ الجَوُّ؟ Kayfa Al-jawu?

مَنَار : مَرْحَبًا يَا أَحْمَد.

أَحْمَد : أَهْلًا يَا مَنَار. كَيْفَ حَالُكِ؟

مَنَار : أَنَا بِخَيْرٍ. الحَمْدُ لِلّٰهِ.

أَحْمَد : كَيْفَ الجَوُّ فِي كُورِيَا هَذِهِ الأَيَّام؟

مَنَار : الجَوُّ بَارِدٌ جِدًّا فِي كُورِيَا.

Manar : Marh'aban Ya Ah'mad.

'Ah'mad : 'Ahlan Ya Manar. Kayfa H'aaluki?

Manar : 'Ana Bikhayrin. Al-h'amdu Lillah.

'Ah'mad : Kayfa Al-jawu Fi Kourya Haadhihi Al-a'y'yam?

Manar : Al-jawu Baaridun Jid'dan Fi Kourya.

해석 التَّرْجَمَةُ

1 어디에서 왔습니까?

무함마드	안녕하세요?
아흐마드	안녕하세요?
무함마드	아랍 사람입니까?
아흐마드	네, 아랍 사람입니다.
무함마드	어디에서 왔습니까?
아흐마드	이집트에서 왔습니다. 당신은요?
무함마드	저는 모로코에서 왔습니다.

2 한국 사람입니까?

마나르	좋은 아침입니다.
수연	좋은 아침입니다.
마나르	한국 사람입니까?
수연	네, 한국 사람입니다. 당신은요?
마나르	저는 요르단 사람입니다.

3 날씨가 어때요?

마나르	안녕하세요, 아흐마드 씨.
아흐마드	안녕하세요, 마나르 씨. 잘 지냈어요?
마나르	네, 잘 지냈어요.
아흐마드	요즘 한국 날씨가 어때요?
마나르	한국 날씨가 너무 추워요.

새단어 كَلِمَاتُ الدَّرْس

추운, 차가운	baaridun	بَارِدٌ
한국	kuriya	كُورِيَا
요즘	haadhihi al-'ay'yam	هَذِهِ الأَيَّام
매우, 너무	jid'dan	جِدًّا
요르단의, 요르단 사람(여성형)	'urduneyaa	أُرْدُنِيَّة
날씨	aljaw'wu	الجَوُّ
아랍의, 아랍 사람(남성형)	aarabeyun	عَرَبِيٌّ
이집트	mis'r	مِصْرُ
(전치사) ~부터, ~에서	min	مِنْ
모로코	almaghrib	المَغْرِب
한국의, 한국 사람(남성형)	koureyun	كُورِيٌّ
어때요? / 어떻게?	kayfa	كَيْفَ

어휘 الْمُفْرَدَات

01 나라 이름 أَسْمَاءُ الدُّوَلِ

나라 이름을 말할 때 정관사 ‘ال’ 을 붙이는 것도 있고 붙이지 않는 것도 있습니다.

태국	Tayland تَايْلَانْد	한국	kuriya كُورِيَا
미국	’Amreeka أَمْرِيكَا	중국	As-s’een الصِّين
요르단	Al’unrdun الْأُرْدُن	일본	Alyabaan الْيَابَان
시리아	Suriya سُورِيَا	프랑스	Faransa فَرَنْسَا
이집트	Mis’r مِصْر	독일	’Almanya أَلْمَانْيَا
사우디아라비아	As-s’sa’oudeya السَّعُودِيَّة	영국	Bireet’anya بِرِيطَانْيَا

어휘 المُفْرَدَات

레바논	Lunbnan لُبْنَان	호주	'Ustraliya أُسْتْرَالِيَا
이라크	Al-iraaq العِرَاق	대만	Taywaan تَايْوَان
튀니지	Tounis تُونِس	인도네시아	'Andouneesiya أَنْدُونِيسِيَا
알제리	Aljaza'iir الجَزَائِر	스페인	Asbaniya أَسْبَانِيَا
모로코	Almaghrib المَغْرِب	브라질	Albarazeel البَرَازِيل
팔레스타인	Filast'een فِلَسْطِين	말레이시아	Maleeziya مَالِيزِيَا

어휘 الْمُفْرَدَاتُ

02 날씨 الْجَوُّ

사계절 الْفُصُولُ الأَرْبَعَةُ

아랍세계는 아주 넓기 때문에 각 나라마다 날씨가 다릅니다. 사계절을 아랍어로 배워 봅시다.

Ash-sh'hita'u الشِّتَاءُ	Al-khareefu الْخَرِيفُ
겨울	가을
As-s'ayfu الصَّيْفُ	Ar-r'rabee'u الرَّبِيعُ
여름	봄

날씨에 대해 물어볼 때는 'كَيْفَ'/ Kayfa / 라는 의문사를 씁니다.

보 기

- كَيْفَ الْجَوُّ الْيَوْمَ؟ / Kayfa Al-jaw'wu Al-yawma? / 오늘은 날씨가 어때요?
- الْجَوُّ حَارٌّ الْيَوْمَ. / Al-jaw'wu H'aar'run n Al-yawma. / 오늘은 날씨가 더워요.

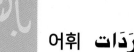

어휘 المُفْرَدَات

날씨와 관련된 형용사를 알아봅시다.

눈이 오는	مُثْلِجٌ Muthlijun	맑은	صَحْوٌ S'ah'wun	따뜻한	دَافِئٌ Daafi'iun	추운	بَارِدٌ Baaridun
건조한	جَافٌّ Jaaf'fun	화창한	مُشْمِسٌ Mushmisun	흐린	غَائِمٌ Ghaa'imun	습한	رَطِبٌ Rat'ibun
		비가 오는	مُمْطِرٌ Mumt'irun	시원한	مُنْعِشٌ Mun'ishun	더운	حَارٌّ H'aar'run

03 국적 الجِنْسِيَّةُ

국적을 말하는 두 가지 방법이 있습니다. '~에서 왔습니다' 와 '~(나라) 사람입니다'.
두 가지 방법에 대해서 좀 더 자세히 살펴봅시다.

1) ~에서 왔습니다

보기

مَنَار : مِنْ أَيْنَ أَنْتِ؟ / Min 'Ayna 'Anti / 어디에서 왔습니까?

سَلْمَى : أَنَا مِنْ مِصْرَ. وَأَنْتِ؟ / 'Ana Min Mis'r. Wa'anti? / 이집트에서 왔습니다. 당신은요?

مَنَار : أَنَا مِنَ الأُرْدُنِّ. / 'Ana Mina Al-'urdun'n. / 요르단에서 왔습니다.

2) ~(나라) 사람입니다

보기

أُسَامَة : هَلْ أَنْتَ سُورِيٌّ؟ / Hal 'Anta Souriy? / 시리아 사람입니까?

مُحَمَّد : نَعَمْ، هَلْ أَنْتَ عِرَاقِيٌّ؟ / Na'am, Hal 'Anta Iraaqiy? / 네. 이라크 사람입니까?

أُسَامَة : لَا، أَنَا لُبْنَانِيٌّ. / La, 'Ana Lubnaaniy. / 아니요, 레바논 사람입니다.

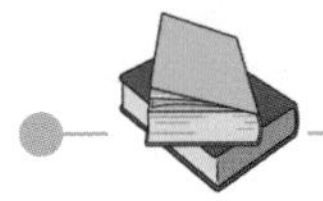

문법 및 표현 القَوَاعِدُ وَالتَّعَابِيرُ

01 관계 형용사 يَاءُ النِّسْبَةِ

Track 41

명사와 관련된 형용사를 만들 때는, 명사의 어미에 접미사 ـِيٌّ (여성형 ـِيَّةٌ)를 붙입니다.
이를 관계 형용사 (يَاءُ النِّسْبَةِ)라고 합니다.

보기

- عَالَم / A'alam / 세상 ← 국제의, 세상의 عَالَمِيٌّ / 'Aalamiy /
- كُورِيَا / Kuriya / 한국 ← 한국의, 한국 사람 كُورِيٌّ / Kouriy /

국가를 지칭하는 명사에도 접미사 ـِيٌّ (여성형 ـِيَّةٌ)를 붙여 관계 형용사를 만들 수 있습니다.

보기

- أُرْدُنِيٌّ / Urdun'niy / 요르단의, 요르단 사람
- مِصْرِيٌّ / Mis'riy / 이집트의, 이집트 사람
- عَرَبِيٌّ / 'Arabiy / 아랍의, 아랍 사람

관계 형용사의 어미에 "ـةٌ"를 붙이면 여성형이 됩니다.

عَرَبِيٌّ / 'Arabiyun / 아랍인(남성)	عَرَبِيَّةٌ / 'Arabiyatun / 아랍인(여성)	كُورِيٌّ / Kouriyun / 한국인(남성)	كُورِيَّةٌ / Kouriyatun / 한국인(여성)

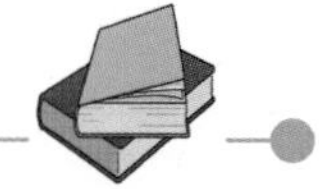

02 아랍어의 관사 التَّعْرِيفِ "ال"

아랍어의 관사는 'اَلْ'이며, 기본적으로 영어의 정관사 'the'와 같은 역할을 합니다.

보 기

1 اَلْمُدِيرُ / Almudeeru / 그 실장

정관사 (أل) 앞에 다른 단어가 오면 함자는 그 자신의 모음과 함께 발음이 생략됩니다. 특히 في على 처럼 정관사 앞에 오는 장모음은 단모음으로 발음함으로써 연음 처리합니다. 예컨대 فِي الْمَكْتَبِ / fii-Almaktabi / 를 / fi-lmaktabi /로 연음처리하여 발음합니다.

보 기

2 فِي الْمَكْتَبِ / fi-lmaktab / 그 사무실에서

3 أَيْنَ الْمَكْتَبُ؟ / 'Ay-nal- Maktabu? / 그 사무실이 어디에 있습니까?

관사 'لْ'은 뒤따라오는 자음이 태양문자인지 월문자인지에 따라 발음이 될 때도, 되지 않을 때도 있습니다. 이는 기초상식 부분에서 공부한 내용입니다.

지명에 쓰이는 관사 :

아랍어에는 اَلْقَاهِرَةُ (카이로)처럼 습관적으로 지명에 관사를 붙여 쓰는 경우가 있습니다. 이는 관용적인 용법이므로 나올 때마다 따로 외워야 합니다.

호칭에 쓰이는 관사 :

아랍어로 호칭을 붙여서 부르거나 제3자에 대해서 이야기할 때 호칭에 관사를 붙여 씁니다.

문법 및 표현 الْقَوَاعِدُ وَالتَّعَابِيرُ

보기

1 أَيْنَ السَّيِّد أَحْمَد؟ / 'Ayna As-s'sayid 'Ah'mad? / 아흐마드 씨는 어디에 있습니까?

2 صَبَاحَ الخَيْرِ يَا سَيِّد أَحْمَد. / S'abah'a Al-khayri Ya Say'yid 'Ah'mad. / 아흐마드 씨, 좋은 아침입니다.

관사는 한정과 비한정을 표시하는 기능이 있습니다. 다음 <보기>를 보면서 더 알아봅시다.

보기

1 كِتَابٌ جَدِيدٌ. / Kitaabun Jadeedun. / 새로운 책.

2 الكِتَابُ جَدِيدٌ. / Alkitaabu Jadeedun. / (그) 책이 새롭습니다.

3 الكِتَابُ الجَدِيدُ. / Alkitaabu Aljadeedu. / (그) 새로운 책.

여기서 주의해야 할 점은 명사에 관사를 붙이면 한정이 되기 때문에 탄윈의 n음이 탈락되어 'ـِ', 'ـُ', 'ـَ'로 바뀝니다.

보기

1 قَلَمٌ / Qalamun/ 펜 ← الْقَلَمُ / Alqalamu / 그 펜

2 مَدْرَسَةٌ / Madrasatun / 학교 ← الْمَدْرَسَةُ / Almadrasatu / 그 학교

3 أُسْتَاذٌ / 'Ustaadhun / 교수님 ← الأُسْتَاذُ / Al'ustaadhu / 그 교수님

연습문제 التَّدْرِيبَاتُ

1 <보기>의 단어를 이용해 문장을 완성해 보세요.

<보기>
الجَوّ　عَرَبِيٌّ　مِصْر
كُورْيَا　أَيْنَ

1 مِنْ ＿＿＿＿＿＿＿ أَنْتَ؟

أَنَا مِنْ مِصْرَ.

2 هَلْ أَنْتَ كُورِيٌّ؟

لَا، أَنَا ＿＿＿＿＿＿＿.

3 كَيْفَ ＿＿＿＿＿＿＿؟

الجَوُّ جَمِيلٌ.

2 다음 형용사들을 반대가 되는 말과 연결해 보세요.

• غَائِمٌ	• حَارٌّ
• رَطِبٌ	• صَحْوٌ
• بَارِدٌ	• جَافٌّ

3 옆 친구와 말해 보세요.

- 오늘 날씨가 추워요.
- 내일 날씨가 화창해요.
- 내일 날씨가 어때요?
- 저는 한국 사람입니다. 당신은요?

التَّدْرِيبَاتُ 연습문제

4 마나르와 민수의 대화를 듣고 질문에 답하세요. Track 43

1 مِنَ أَيْنَ مِين سو؟ ______________________.

2 كَيْفَ الجَوُّ فِي كُورْيَا؟ ______________________.

3 كَيْفَ الجَوُّ فِي الأُرْدُن؟ ______________________.

5 다음 명사와 형용사를 보고 관사를 붙여서 문장을 만들어 보세요.
(명사 및 형용사에 관사를 붙여 보세요.)

1 مُدِيرٌ جَدِيدٌ : ______________________.

2 قَلَمٌ جَمِيلٌ : ______________________.

3 بَابٌ كَبِيرٌ : ______________________.

4 كِتَابٌ جَدِيدٌ : ______________________.

아랍어 쓰기 연습 06

※ 다음 단어를 빈칸에 써 보세요.

				عَرَبِيٌّ	**عَرَبِيٌّ** 아랍 남자, 아랍의
				عَرَبِيٌّ	

				كُورِيَّةٌ	**كُورِيَّةٌ** 한국 여자, 한국의(여성형)
				كُورِيَّةٌ	

				الجَوُّ	**الجَوُّ** 날씨
				الجَوُّ	

				الصَّيْفُ	**الصَّيْفُ** 여름
				الصَّيْفُ	

				بَارِدٌ	**بَارِدٌ** 추운, 차가운
				بَارِدٌ	

문화 06

아랍 세계

아랍 세계는 주로 아랍어를 쓰는 지역이나 국가를 말합니다. 아랍 세계는 아프리카의 북서쪽 해안부터 아라비아 반도까지 이어집니다. 좁게 보면 아라비아 반도와 그 주변의 지역만을 일컫는 말이기도 합니다.

아랍 세계는 총 24개국으로 구성되어 있습니다. 전체 인구는 약 4억 6천 5백만 명입니다. 아랍 세계의 경제 규모는 1조 달러를 능가하고 매해 5%씩 성장합니다. 아랍 세계는 무슬림 세계의 5분의 2를 차지합니다.

아랍어

아랍 국가들은 국가마다 각각의 방언이 있습니다. 아랍어를 세분화한다면 다음과 같습니다.

이집트 방언

주로 이집트에서 쓰는 방언이며 아랍 방언 중 가장 흔히 들을 수 있는 방언입니다. 이집트는 드라마와 영화가 발달되어 있어 다른 아랍 국가들이 이집트 방언을 쉽게 이해할 수 있습니다. 이야기할 때 화자들 간에 서로 방언이 심하면 이집트 방언으로 소통하는 경우가 많습니다.

나일 방언

주로 수단과 차드에서 많이 쓰는 방언입니다.

레반트 방언

레반트 방언은 주로 요르단, 시리아, 팔레스타인, 레바논에서 쓰는 방언입니다. 요르단과 팔레스타인 방언은 서로 많이 유사합니다.

이라크 방언

주로 이라크에서 쓰는 방언입니다.

문화 06

걸프 방언

아랍에미리트, 쿠웨이트, 바레인, 카타르, 오만에서 쓰는 방언이며 서로 많이 유사합니다.

사우디 방언

사우디아라비아에서 쓰는 방언입니다.

마그립 방언

마그립 (الْمَغْرِبُ الْعَرَبِيُّ)은 아랍어로 '해가 지는 지역' 또는 '서쪽' 이란 뜻으로 오늘날의 북아프리카, 즉 모로코, 알제리, 튀니지를 아우르는 지역을 말합니다. 마그립 방언은 아랍인들에게 가장 어려운 방언인데 이유는 프랑스 식민지였던 과거의 영향을 받아 프랑스어가 섞여 있기 때문입니다.

아랍 국가들은 방언이 다양하고 서로 다르지만 모든 아랍 국가들이 표준어 (فُصْحَى)를 공식적으로 쓰기 때문에 이 아랍 표준어를 사용하면 의사소통에 큰 문제는 없습니다.

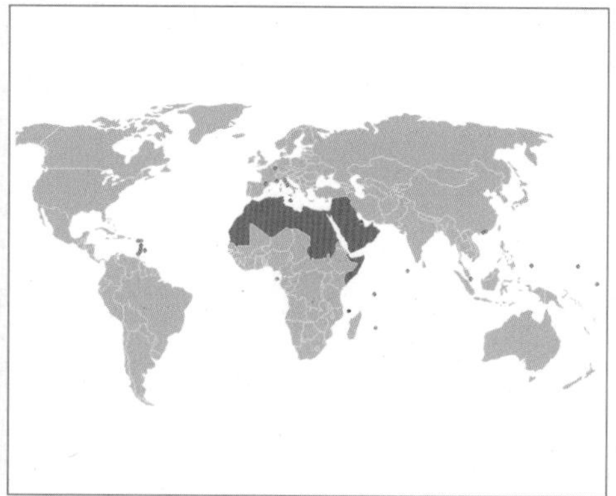

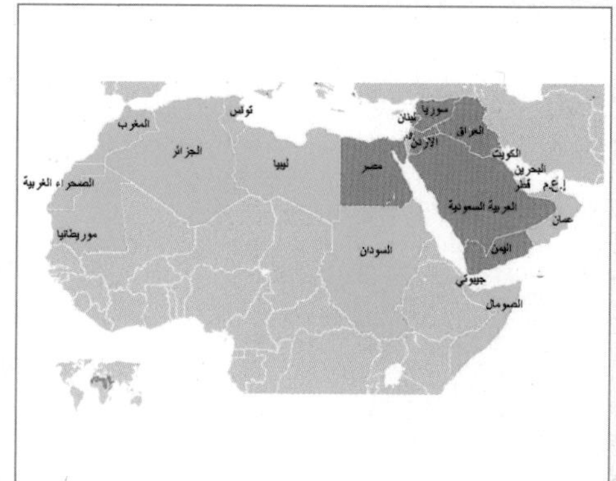

▲ 아랍 세계 지도

07 취미가 뭐예요?

مَا هِوَايَتُكَ؟

학습목표 الأَهْدَافُ

- الهِوَايَاتُ 취미
- الصِّفَةُ 형용사
- أَدَاةُ النَّفِي "لَيْسَ" 명사 및 형용사의 부정 표현
- فِعْلُ "يُحِبُّ" 동사 '좋아하다'의 미완료형 변화
- فِعْلُ "يَذْهَبُ" 동사 '가다'의 미완료형 변화

회화 المُحَادَثَةُ

١ هَلْ تُحِبُّ الرِّيَاضَةَ؟ Hal Tuh'ib'bu Ar-r'riyad'a?

Track 44

أَحْمَد : هَلْ تُحِبُّ الرِّيَاضَةَ؟

مُحَمَّد : نَعَمْ، أُحِبُّ كُرَةَ القَدَمِ. وَأَنْتَ، مَا هِوَايَتُكَ؟

أَحْمَد : هِوَايَتِي السِّبَاحَةُ.

مُحَمَّد : هَلْ نَذْهَبُ إِلَى المَسْبَحِ اليَوْمَ؟

أَحْمَد : نَعَمْ. هَيَّا نَذْهَبْ.

'Ah'mad : Hal Tuh'ib'bu Ar-r'riyad'a?
Muh'am'mad : Na'am, 'Uh'ib'bu Kurata Al-qadam. W'anta, Ma Hiwaayatuka?
'Ah'mad : Hiwaayati As-s'sibah'a.
Muh'am'mad : Hal Nadhhabu Ila Al-masbah'i Al-yawma?
'Ah'mad : Na'am. Hay'ya Nadhhab.

٢ هَلْ أَنْتِ مَشْغُولَةٌ؟ Hal Anti Mashghoula?

سو يون : هَلْ أَنْتِ مَشْغُولَةٌ اليَوْمَ؟

مَنَار : لَا، لَسْتُ مَشْغُولَةً. لِمَاذَا؟

سو يون : هَلْ تُحِبِّينَ الأَفْلَامَ؟ مَا رَأْيُكِ أَنْ نَذْهَبَ إِلَى السِّينَمَا؟

مَنَار : نَعَمْ. فِكْرَةٌ جَمِيلَةٌ جِدًّا.

Su Yon : Hal Anti Mashghoulatun Al-yawma?

Manar : La, Lastu Mashghoula. Limaadha?

Su Yon : Hal Tuh'ib'beena Al-aflam? Ma R'ayuki An Nadhhaba Ila As-sinima?

Manar : Na'am. Fikratun Jameelatun Jid'dan.

٣ هَيَّا بِنَا إِلَى المَكْتَبَةِ Hay'ya Bina Iila Al-maktabati

مين سو : مَا هِوَايَتُكَ يَا مُحَمَّد؟

مُحَمَّد : هِوَايَتِي القِرَاءَةُ. وَأَنْتَ يَا مين سو؟

مين سو : أُحِبُّ القِرَاءَةَ أَيْضًا.

مُحَمَّد : إِذَنْ هَلْ نَذْهَبُ إِلَى المَكْتَبَةِ؟

مين سو : نَعَمْ. هَيَّا بِنَا نَذْهَبْ إِلَى المَكْتَبَةِ.

Min Su : Ma Hiwaayatuka Ya Muh'am'mad?
Muh'am'mad : Hiwaayatee Al-qira'a.W'aanta Ya Min Su?
Min Su : Uh'ib'bu Al-qira'aata 'Ayd'an.
Muh'am'mad : Idhan Hal Nadhhabu Ila Al-maktaba?
Min Su : Na'am. Hay'ya Bina Nadhhabu Ila Al-maktaba.

해석 التَّرْجَمَةُ

1 운동 좋아하세요?

아흐마드	운동 좋아해요?
무함마드	네, 축구를 좋아해요. 당신은 취미가 뭐예요?
아흐마드	제 취미는 수영이에요.
무함마드	오늘 수영장에 갈까요?
아흐마드	그래요. 오늘 갑시다.

2 바빠요?

수연	오늘 바빠요?
마나르	아니요, 안 바빠요. 왜요?
수연	영화 보는 것을 좋아해요? 영화관에 가는 것은 어때요?
마나르	네, 좋은 생각이에요.

3 도서관에 갑시다.

민수	무함마드, 취미가 뭐예요?
무함마드	제 취미는 독서예요. 당신은요?
민수	저도 독서를 좋아해요.
무함마드	그러면, 도서관에 갈까요?
민수	네, 도서관에 갑시다.

새 단 어 كَلِمَاتُ الدَّرْسِ

좋아하다(현재형, 2인칭 여성 단수)	tuh'ib'beena	تُحِبِّينَ
영화(복수형)	al'aflaamu	الأَفْلَامُ
영화관	as'seenima	السِّينِمَا
좋은 생각	fikratun jameelatun	فِكْرَةٌ جَمِيلَةٌ
독서	alqira'atu	القِرَاءَةُ
도서관	almaktabatu	المَكْتَبَةُ
축구	kuratu alqadami	كُرَةُ القَدَمِ
수영	as'sibah'atu	السِّبَاحَةُ
가다(현재형, 1인칭 복수)	nadhhabu	نَذْهَبُ
수영장	almasbah'u	المَسْبَحُ
갑시다	hay'ya bina	هَيَّا بِنَا
바쁜(여성형)	mashghoulatun	مَشْغُولَةٌ
왜	limaadha	لِمَاذَا
취미	hiwaayatun	هِوَايَةٌ
좋아하다(현재형, 2인칭 남성 단수)	tuh'ib'bu	تُحِبُّ
너의 취미(남 / 여)	hiwaayatuka / hiwaayatuki	هِوَايَتُكَ / هِوَايَتُكِ
운동	alreyaad'atu	الرِّيَاضَةُ
무엇	maa	مَا
좋아하다(현재형, 1인칭)	'uh'ib'bu	أُحِبُّ
~아니다(1인칭)	lastu	لَسْتُ

어휘 المُفْرَدَات

01 취미 الهِوَايَةُ

우리가 좋아하는 취미를 아랍어로 어떻게 말하는지 배워 봅시다.

As-s'sibah'atu السِّبَاحَةُ

Al-qira'aatu القِرَاءَةُ

Ar-r'rasmu الرَّسْمُ

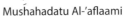

مُشَاهَدَةُ الأَفْلَام
Mushahadatu Al-'aflaami

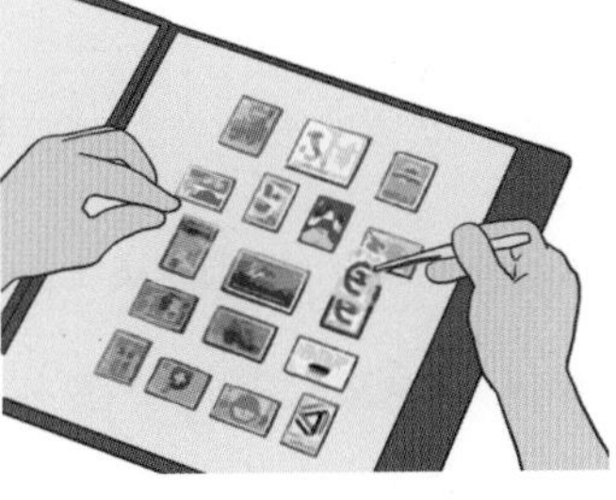

Jam'u At-t'awabi'i جَمْعُ الطَوابِعِ

Kuratu Al-qadami كُرَةُ القَدَمِ

어휘 المُفْرَدَات

더 많은 취미를 아랍어로 알아봅시다.

노래하기	الغِنَاءُ Alghinaa'u	자전거 타기	رُكُوبُ الدَّرّاجَةِ Rukoubu Ad-d'dar'raajati
영화 관람	مُشَاهَدَةُ الأَفْلَامِ Mushaahadatu Al-'aflaami	등산	تَسَلُّقُ الجِبَالِ Tasal'luqu Al-jibaali
음악 감상	الاِسْتِمَاعُ إِلَى المُوسِيقَى Alistimaa'u Ilaa Al-mouseeqaa	요리하기	الطَّبْخُ At-t'abkhu
쓰기/집필하기	الكِتَابَةُ Alkitaabatu	사진촬영	التَّصْوِيرُ At-'tas'weeru
여행하기	السَّفَرُ As-s'safaru	디자인	التَّصْمِيمُ At-tas'meemu
춤추기	الرَّقْصُ Ar-r'raqs'u	피아노 연주	عَزْفُ البِيَانُو 'Azfu Al-Biyanou

➤ 취미를 말할 때 다음과 같이 표현할 수 있습니다.

보 기

1 هِوَايَتِي السِّبَاحَةُ. / Hiwaayatee As-s'sibah'atu. / 제 취미는 수영입니다.

2 أُحِبُّ السِّبَاحَةَ. / 'U h'ib'bu As-s'sibah'ata. / 수영을 좋아해요.

➤ 취미에 대해 물어볼 때는 의문사 'مَا'를 씁니다.

보 기

1 مَنَار : مَا هِوَايَتُكَ؟ / Ma Hiwaayatuka? / 취미가 무엇입니까?

مُحَمَّد : هِوَايَتِي السِّبَاحَةَ. / Hiwaayatee As-s'sibah'aa. / 제 취미는 수영입니다.

2 أَحْمَد : مَا هِوَايَتُكَ؟ / Ma Hiwaayatuka? / 취미가 무엇입니까?

مُحَمَّد : أُحِبُّ كُرَةَ القَدَمِ. / 'Uh'ib'bu Kurata Al-qadam . / 저는 축구를 좋아합니다.

02 형용사 الصِّفَةُ

아랍어 형용사를 배워 봅시다.

먼	بَعِيدٌ Ba'eedun	예쁜	جَمِيلٌ Jameelun	바쁜	مَشْغُولٌ Mashghuolun
빠른	سَرِيعٌ Saree'un	큰	كَبِيرٌ Kabeerun	피곤한	تَعْبَانُ Ta'baanu
느린	بَطِيءٌ Bat'ee'un	작은	صَغِيرٌ S'agheerun	배고픈	جَوْعَانُ Jawa'anu
새로운	جَدِيدٌ Jadeedun	긴/키가 큰	طَوِيلٌ T'aweelun	목마른	عَطْشَانُ 'At'shaanu
낡은	قَدِيمٌ Qadeemun	짧은	قَصِيرٌ Qas'eerun	재미없는	مُمِلٌّ Mumil'lun
잘생긴	وَسِيمٌ Waseemun	가까운	قَرِيبٌ Qareebun	재미있는	مُمْتِعٌ Mumti'un

아랍어 형용사는 성별에 따라 달라집니다. 피수식어와 수식어의 성별이 일치해야 합니다.
표에 나온 형용사들은 남성형이며 여성형 형용사를 만들 때는 타마르부따 (ة)를 붙이면 됩니다.

보 기

1 كَبِيرٌ / Kabeerun / 큰(남)

كَبِيرَةٌ / Kabeeratun / 큰(여)

2 جَمِيلٌ / Jameelun / 예쁜(남)

جَمِيلَةٌ / Jameelatun / 예쁜(여)

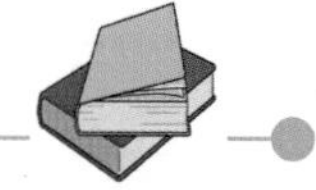

01 형용사 الصِّفَةُ

아랍어 형용사는 한국어 형용사와는 반대로 항상 피수식어(명사)의 **뒤에** 옵니다. 아랍어 형용사의 또 하나의 특징은 바로 명사의 성, 수, 격, 한정 여부가 꼭 **일치해야** 한다는 점입니다.

앞에서 배운 내용과 같이 명사가 남성형이냐 여성형이냐에 따라 형용사도 남성형 또는 여성형을 씁니다.

보기

1 رَجُلٌ مَشْهُورٌ. / Rajulun Mash-hourun. / 유명한 남자

2 جَامِعَةٌ مَشْهُورَةٌ. / Jami'atun Mash houratun. / 유명한 대학교

3 بَيْتٌ كَبِيرٌ. / Baytun Kabeerun. / 큰 집

4 مَكْتَبَةٌ كَبِيرَةٌ. / Maktabatun Kabeeratun. / 큰 도서관

앞에서 배운 것처럼 아랍어의 수는 단수(하나), 쌍수(둘), 복수(셋 이상)로 나눠져 있습니다.
위의 **<보기>**는 단수형의 경우입니다. 한정여부가 있느냐 없느냐에 따른 차이는 다음 <보기>를 통해 알아 봅시다.

보기

- الْمَتْحَفُ الْمَشْهُورُ. / Almath'afu Al-mash-houru. / 그 유명한 박물관
- الْمَتْحَفُ مَشْهُورٌ. / Al-math'afu Mash-hourun. / 그 박물관은 유명하다.
- مَتْحَفٌ مَشْهُورٌ. / Math'afun Mash-hourun. / 한 유명한 박물관

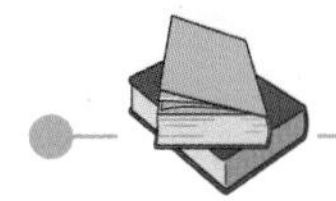

02 명사 및 형용사의 부정 표현 'لَيْسَ' أَدَاةُ النَّفِي

Track 48

한국어는 형용사를 부정하는 경우 '~지 않다' 또는 명사를 부정하는 경우 '~이 / 가 아니다' 처럼 문장의 맨 끝에서 부정 표현을 해줍니다. 반면, 아랍어는 명사 또는 형용사를 부정 할 때 '아니다'라는 동사를 활용해야 하기 때문에 문장 맨 앞에서 부정 표현을 해줍니다.

	복수	쌍수	단수
1인칭	لَسْنَا Lasnaa		لَسْتُ Lastu
2인칭(남)	لَسْتُمْ Lastum	لَسْتُمَا Lastumaa	لَسْتَ Lasta
2인칭(여)	لَسْتُنَّ Lastunna		لَسْتِ Lasti
3인칭(남)	لَيْسُوا Laysou	لَيْسَا Laysaa	لَيْسَ Laysa
3인칭(여)	لَسْنَ Lasna	لَيْسَتَا Laysataa	لَيْسَتْ Laysat

لَيْسَ 의 술어는 목적격입니다. 즉 **목적격**을 표시하는 "ـاً, ـَـ" 혹은 쌍수 목적격 "ـيْنِ" 를 써야 합니다.

보 기

- لَسْتُ مَشْغُولاً. / Lastu Mashghoulan. / 나는 바쁘지 않다.
- لَيْسَتَا طَالِبَتَيْنِ. / Laysata T'aalibatayni. / 그 두 명은 여학생이 아니다.
- هَلْ هِيَ طَالِبَةٌ؟ / Hal Hyea T'aalibatun? / 그녀는 학생입니까?

  لاَ، هِيَ لَيْسَتْ طَالِبَةً. / La, Heya Laysat T'aalibatan? / 아니요, 학생이 아닙니다.

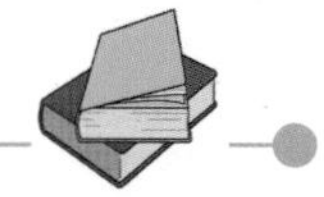

03 동사 '좋아하다'의 미완료형 변화 فِعْلُ "يُحِبُّ"

아랍어는 명사로 시작하는 명사문과 동사로 시작하는 동사문으로 나뉘는데 주로 동사문을 사용합니다. 동사는 현재(미완료형)와 과거(완료형)에 따라 규칙적인 형태로 변화합니다. 다음은 동사 '좋아하다'의 미완료형 변화입니다.

نُحِبُّ Nuh'ib'bu	تُحِبُّ Tuh'ib'bu	يُحِبُّ Yuh'ib'bu	تُحِبِّينَ Tuh'ib'beena	تُحِبُّ Tuh'ib'bu	أُحِبُّ 'Uh'ib'bu
우리	그(여)	그(남)	너(여)	너(남)	나

보기

1 تُحِبُّ مَنَار كُرَةَ القَدَمِ. / Tuh'ib'bu Manar Kurata Al-qadami. /

마나르가 축구를 좋아합니다.

2 أُحِبُّ الكِتَابَةَ. / 'Uh'ib'bu Al-kitabata. /

저는 쓰기를 좋아합니다.

3 يُحِبُّ أَحْمَد كُرَةَ السَّلَةِ. / Yuh'ib'bu 'Ah'mad Kurata As-s'sallati. /

아흐마드가 농구를 좋아합니다.

4 هَلْ تُحِبُّ الدِّرَاسَةَ؟ / Hal Tuh'ib'bu Ad-d'dirasata? /

당신은 공부를 좋아합니까?

5 هَلْ تُحِبِّينَ الأَفْلَامَ يَا مَنَار؟ / Hal Tuh'ib'beena Al-'aflaama Ya Manar? /

마나르씨, 영화를 좋아합니까?

04 동사 '가다'의 미완료형 변화 "يَذْهَبُ" فِعْلُ

نَذْهَبُ	تَذْهَبُ	يَذْهَبُ	تَذْهَبِينَ	تَذْهَبُ	أَذْهَبُ
Nadhhabu	Tadhhabu	Yadhhabu	Tadhhabeena	Tadhhabu	'Aadhhabu
우리	그(여)	그(남)	너(여)	너(남)	나

보기

- أَذْهَبُ إِلَى المَدْرَسَةِ كُلَّ يَوْمٍ. / 'Adhhabu Ila Al-madrasati Kul'la Yawmin. /
  저는 학교에 매일 갑니다.
- تَذْهَبُ مَنَار إِلَى المَسْجِدِ. / Tadhhabu Manar Ila Al-masjid. /
  마나르가 사원에 갑니다.
- هَلْ تَذْهَبِينَ إِلَى السُّوقِ مَعِي يَا مَنَار؟ / Hal Tadhhabeena Ila As-s'souqi Ma'i Ya Manar? /
  마나르, 장보러 같이 갈래요?
- يَذْهَبُ أَبِي إِلَى العَمَلِ صَبَاحًا. / Yadhhabu Abi Ila Al'amali S'abaah'an. /
  아버지는 아침에 일하러 갑니다.
- هَلْ تَذْهَبُ مَعِي إِلَى السِّينِمَا يَا أَحْمَد؟ / Hal Tadhhabu Ma'i Ila As-sinima Ya 'Ah'mad? /
  아흐마드, 영화관에 같이 갈래요?
- هَيَّا نَذْهَبْ إِلَى السِّينِمَا. / Haya'aa Nadhhab Ila As-sinima. /
  우리 영화관에 갑시다.

التَّدْرِيبَاتُ 연습문제

1 <보기>의 단어를 이용해 문장을 완성해 보세요.

<보기>
مَشْغُولَةٌ جَدِيدٌ تَعْبَانُ جَمِيلَةٌ قَدِيمٌ

1 أَنَا ________ جِدًّا.

2 هَذَا كِتَابٌ ________.

3 مُحَمَّدٌ ________.

4 وَرْدَةٌ ________.

2 주어진 형용사를 이용해 보기와 같이 문장을 완성해 보세요.

<보기>
• مَنَار : هَلْ أَنْتِ مَشْغُولَةٌ؟ • هِنْد : لَا أَنَا لَسْتُ مَشْغُولَةً.

• هَذَا أَحْمَدُ. وَهُوَ ________.(잘생긴)

• هَذِهِ مَنَار. وَهِيَ ________.(피곤한)

• كِتَابٌ ________.(큰)

• هَلْ مُحَمَّدُ ________؟(키가 큰)

لَا. هُوَ لَيْسَ ________.

연습문제 التَّدْرِيبَاتُ

3 주어진 동사를 알맞게 활용하여 문장을 완성해 보세요.

A مَنَار : هَل ______ كُرَةَ القَدَمِ يَا أَحْمَد؟(أُحِبُّ)

B أَحْمَد : نَعَمْ، ______ كُرَةَ القَدَمِ.

- هَيَّا ____________ إِلَى المَسْبَحِ.(يَذهَبُ)
- هَل ____________ إِلَى المَسْبَحِ يَا مَنَار؟(يَذهَبُ)

4 다음 문장을 아랍어로 써 보세요.

- 저는 바쁩니다(남) : ______________________________
- 마나르가 피곤해요 : ______________________________
- 아흐마드가 축구를 좋아합니다 : ______________________________

5 오디오를 듣고 들리는 단어에 체크해 보세요. .... 

1	مَشْغُولٌ	مَشْغُولَةٌ
2	جَدِيْدٌ	قَدِيمٌ
3	قَصِيرٌ	طَوِيلٌ
4	لَيْسَا	لَيْسَ
5	يَذْهَبُ	أَذْهَبُ

아랍어 쓰기 연습 07

※ 다음 단어를 빈칸에 써 보세요.

				يُحِبُّ	**يُحِبُّ** 좋아하다
				يُحِبُّ	
				هِوَايَةٌ	**هِوَايَةٌ** 취미
				هِوَايَةٌ	
				المَكْتَبَةُ	**المَكْتَبَةُ** 도서관
				المَكْتَبَةُ	
				القِرَاءَةُ	**القِرَاءَةُ** 독서
				القِرَاءَةُ	
				مَشْغُولٌ	**مَشْغُولٌ** 바쁜
				مَشْغُولٌ	

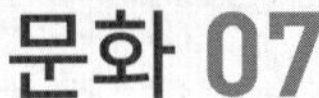

문화 07

아랍인의 인기 스포츠

아랍인의 인기 스포츠, 축구

아랍인들은 축구를 많이 좋아합니다. 동네 골목이나 공원 등 어디에서나 축구를 하는 모습을 볼 수 있을 정도입니다. 국민들의 뜨거운 축구 열기를 반영하듯 사우디아라비아, 이집트, 이라크, 튀니지, 모로코 등은 축구 강국이며 월드컵 본선에도 여러 차례 진출한 바 있습니다.

▲ 축구팀

낙타경주 및 경마

'사막을 항해하는 배'라는 별명이 있는 낙타는 옛날부터 아랍인들에게 중요한 교통수단이었습니다. 오늘날 교통수단이 발달되면서 낙타를 타고 다니는 아랍인들을 보기는 힘듭니다. 하지만 사우디아라비아와 아랍에미리트 등 일부 아랍 국가에서는 아직도 낙타 경주가 많이 행해지고 있습니다. 낙타 경주의 경기 방식은 낙타를 타고 목표 지점까지 빨리 달려서 도착하면 이기는 것입니다.

▲ 낙타경주

아랍 세계에는 옛날부터 왕들과 왕자들이 많아 '왕들의 스포츠'라고 불리는 경마의 인기가 매우 높습니다. 경마는 지금까지도 걸프 지역의 나라들에서 많이 개최되고 있습니다. 주로 선호하는 말의 품종은 오래 전부터 교통 수단으로 이용되거나 전쟁할 때 많이 쓰이는 아랍종(Arabian)이며, 이 아랍종은 아라비아와 그 주변 나라에서 나는 말 품종입니다. 아랍종은 몸집이 작지만 균형이 잡혀 있고 기품이 있어 속력과 지구력이 뛰어난 것으로 잘 알려져 있고 가격이 비쌉니다.

08 병원에서

فِي الْمُسْتَشْفَى

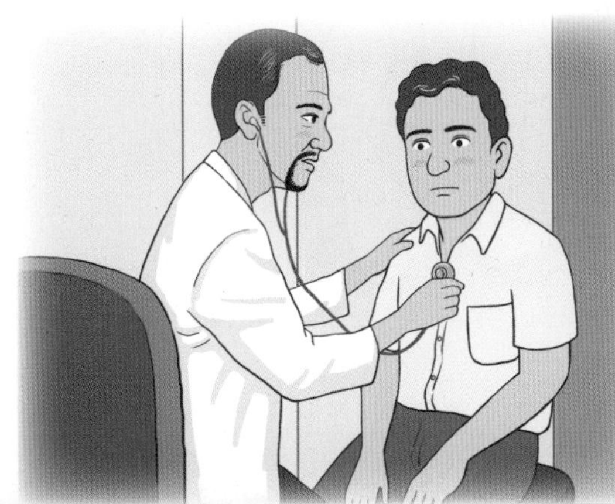

학습목표 الأَهْدَافُ

- أَعْضَاءُ جِسْمِ الإِنْسَانِ 신체 부위
- عِنْدِي أَلَمٌ فِي~ '~가 아파요'
- الضَّمِيرُ المُتَّصِلُ 접미형 인칭대명사

회화 المُحَادَثَةُ

❶ عِنْدِي أَلَمٌ فِي بَطْنِي. Indi ‘alamun ‘Alamun Fi Bat’nee.

Track 52

أَحْمَد : السَّلَامُ عَلَيْكُمْ.

الطَّبِيبُ : وَعَلَيْكُمُ السَّلَامُ. مَا بِكَ؟

أَحْمَد : عِنْدِي أَلَمٌ فِي بَطْنِي. وَحَرَارَتِي مُرتَفِعَةٌ.

الطَّبِيبُ : هَلْ عِنْدَكَ صُدَاعٌ؟

أَحْمَد : لَا، لَيْسَ عِندِي صُدَاعٌ.

الطَّبِيبُ : هَلْ عِنْدَكَ زُكَامٌ؟

أَحْمَد : لَا، لَيْسَ عِندِي زُكَامٌ.

الطَّبِيبُ : لَا تَقْلَقْ. عِنْدَكَ حُمَّى فَقَطْ. تَفَضَّلْ هَذِهِ وَصْفَةُ العِلَاجِ. وَسَلَامَتَكَ.

أَحْمَد : شُكْرًا جَزِيلًا. مَعَ السَّلَامَةِ.

الْمُحَادَثَةُ 회화

'Ah'mad : Assalaamu Aalaykum.

Alt'abeeb : Wa'alaykumu Assalaam. Ma Bika?

'Ah'mad : Indi 'Alamun Fi Bat'nee. Wah'ararati Murtafi'a.

Alt'abeeb : Hal Indaka S'udaa'?

'Ah'mad : La, Layasa Indi S'udaa'.

Alt'abeeb : Hal Indaka Zukaam?

'Ah'mad : La, Laysa Indi Zukaam.

Alt'abeeb : La Taqlaq. Indaka H'um'ma Faqat'. Tafad'al Hadhihi Was'fatu Al'ilaaj.Wasalamatak.

'Ah'mad : Shukran Jazeelan. Ma'a Assalaama.

٢ فِي الصَّيْدَلِيَّةِ. Fi As-s'aydaleyati.

회화 الْمُحَادَثَةُ

أَحْمَد : السَّلَامُ عَلَيْكُمْ.

الصَّيْدَلِيّ : وَعَلَيْكُمُ السَّلَامُ.

أَحْمَد : أُرِيدُ هَذَا الدَّوَاءَ لَوْ سَمَحْتَ.

الصَّيْدَلِيّ : حَسَنًا. لَحْظَةً وَاحِدَةً.

الصَّيْدَلِيّ : تَفَضَّلْ. تَشْرَبُ الدَّوَاءَ ثَلَاثَ مَرَّاتٍ فِي الْيَوْمِ. سَلَامَتَكَ.

أَحْمَد : شُكْرًا. تَفَضَّلْ النُّقُودَ.

الصَّيْدَلِيّ : عَفْوًا. مَعَ السَّلَامَةِ.

'Ah'mad : Assalaamu Aalaykum.

Als'aydaly : Wa'alaykum Assalaam.

'Ah'mad : 'Ureedu Hadha Ad-d'dawaa'aa Law Samah't.

Als'aydaly : H'asanan. Lah'th'atan Waah'ida.

Als'aydaly : Tafad'al. Tashrabu Ad-d'dawa'aa Thalatha Mar'raatin Fi Al-yawm. Salamatak.

'Ah'mad : Shukran. Tafad'al An-n'nuqoud.

Als'aydaly : Afwan. Ma'a Assalaama.

٣ فِي الطَّرِيقِ Fi At-t'areeqi

مَنَار : آآآه! بَطْنِي بَطْنِي.

سو يون : يَا إِلَهِي! مَا بِكِ يَا مَنَار؟

مَنَار : بَطْنِي يُؤلِمُنِي. بَطْنِي يُؤلِمُنِي.

سو يون : حَسَنًا. اِهْدَئِي. هَيَّا نَذْهَبْ إِلَى المُسْتَشفَى حَالًا.
لَوْ سَمَحَتْ. أَيْنَ المُسْتَشْفَى؟

رَجُلٌ : هُوَ بَعِيدٌ مِنْ هُنَا.

Manar : A'aaaah! Bat'nee Bat'nee.
Su Yon : Ya Iilahee! Ma Biki Ya Manar?
Manar : Bat'nee Yu'limunee. Bat'ni Yu'limunee.
Su Yon : H'asanan. Ihda'ee. Hay'ya Nadhhab Ila Al-mustashfa H'aalan.
Law Samah'at. 'Ayna Al-mustashfa?
Rajulun : Huwa Ba'eedun Min Huna.

해석 التَّرْجَمَةُ

1 배가 아파요.

아흐마드	안녕하세요.
의사	안녕하세요. 어디가 아파요?
아흐마드	배가 아프고 열이 나요.
의사	두통이 있어요?
아흐마드	아니요, 없어요.
의사	감기에 걸렸어요?
아흐마드	아니요.
의사	걱정하지 마세요. 열만 있어요.
	처방전을 받으시고 약을 드세요. 그럼 빨리 낫길 바래요.
아흐마드	대단히 감사합니다. 안녕히 계세요.

2 약국에서

아흐마드	안녕하세요.
약사	안녕하세요.
아흐마드	이 약 주시겠어요?
약사	네, 잠시만요.
약사	여기 있어요. 하루에 3번씩 드세요. 빨리 낫길 바래요.
아흐마드	감사합니다. (돈)여기 있습니다.
약사	네. 안녕히 가세요.

해석 التَّرْجَمَةُ

3 길에서

마나르	아이구. 배야!
수연	어머! 마나르. 괜찮아요?
마나르	배가 너무 아파요.
수연	진정하고 당장 병원에 갑시다.
	죄송하지만 병원이 어디에 있어요?
남자	여기에서 멀어요.

새 단 어 كَلِمَاتُ الدَّرْسِ

좋아요, 그래요	h'asanan	حَسَنًا
잠시만요	lah'th'atan waah'idatan	لَحْظَةً وَاحِدَةً
마시다 / (약을) 먹다(현재형, 2인칭, 남성)	tashrabu	تَشْرَبُ
번, 차례(복수)	mar'raatun	مَرَّاتٌ
하루에	fi al-yawmi	فِي اليَوْمِ
돈	an-nuqoudu	النُّقُودُ
신음	'aaaah	آآآآه [1]
어머	ya 'ilahee	يَا إِلَهِي
진정하세요	Ihda'ee	اِهْدَئِي
열이 높아요	h'araarati murtafi'atun	حَرَارَتِي مُرْتَفِعَةٌ
걱정하지 마세요(남성에게)	la taqlaq	لَا تَقْلَقْ
열	h'um'maa	حُمَّى
처방전	was'fatu al'ilaaj	وَصْفَةُ العِلَاجِ
받으세요	tafad'dal	تَفَضَّلْ
빨리 낫길 바라요	salamataka	سَلَامَتَكَ

1 신음을 나타내는 단어는 "آ"를 한 번만 쓰지만 아픔을 강조할 때 반복해도 됩니다.

كَلِمَاتُ الدَّرْس 새단어

شُكْرًا جَزِيلاً	shukran jazeelan	대단히 감사합니다
الدَّوَاءُ	ad-d'dawaa'u	약
الصَّيْدَلِيُّ	as-s'aydaleyu	약사
المُسْتَشْفَى	almustashfaa	병원
هُنَا	huna	여기
مَا بِكَ؟	ma bika?	어디가 아파요? / 괜찮아요?
عِنْدِي أَلَمٌ فِي~	'indi 'alamun	~가 아파요
أَلَمٌ	'alamun	통증
بَطْنِي	bat'nee	나의 배
صُدَاعٌ	s'udaa'un	두통
لَيْسَ عِنْدِي	laysa 'indee	없어요 / 나에게 없다
زُكَامٌ	zukaamun	감기
الطَّبِيبُ	alt'abeebu	의사
يُؤْلِمُنِي	yu'limunee	~가 아파요
حَالاً	h'aalan	당장

어휘 الْمُفْرَدَات

01 신체 부위 أَعْضَاءُ جِسْمِ الإِنْسَانِ

신체 부위 중 개수가 짝수인 것은 대체로 여성명사입니다. 신체 부위를 아랍어로 배워 봅시다.

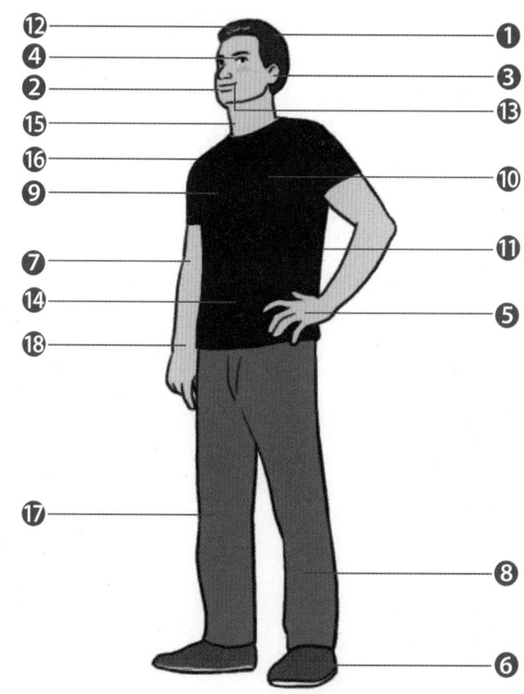

❷ 입	'Famun (남) فَمٌ	❶ 머리	Ra'sun (남) رَأْسٌ
❹ 눈	'Aynun (여) عَيْنٌ	❸ 귀	'Udhunun (여) أُذُنٌ
❻ 발	'Qadamun (여) قَدَمٌ	❺ 손	'Yadun (여) يَدٌ
❽ 다리	Rijlun (여) رِجْلٌ	❼ 팔	Saa'idun (남) سَاعِدٌ
❿ 가슴	S'adrun (남) صَدْرٌ	❾ 심장	Qalbun (남) قَلْبٌ
⓬ 머리카락	Sha'run (남) شَعْرٌ	⓫ 등	Th'ahrun (남) ظَهْرٌ
⓮ 배	Bat'nun (여) بَطْنٌ	⓭ 입술	Shifaahun (여) شِفَاهٌ
⓰ 어깨	Katifun (남) كَتِفٌ	⓯ 목	Raqabatun (여) رَقَبَةٌ
⓲ 손목	Rusghun (남) رُسْغٌ	⓱ 무릎	Rukbatun (여) رُكْبَةٌ

어휘 المُفْرَدَات

병원과 관련된 더 많은 어휘를 알아봅시다.

질병	مَرَضٌ Marad'un	클리닉	عِيَادَةٌ 'Eyaadatun	의사	طَبِيبٌ T'abeebun
환자	مَرِيضٌ / مَرِيضَةٌ Mareed'un / Mareed'atun	진료	تَشْخِيصٌ Tashkhees'un	간호사	مُمَرِّضَةٌ Mumar'rid'atun

아랍어는 신체 부위 명칭도 여성형과 남성형으로 나뉘어 있습니다. 신체 부위 중 개수가 짝수인 것은 대체로 여성명사로 취급됩니다. 따라서 "아프다"라는 동사를 활용할 때 아픈 부위가 남성형인지 여성형인지 구별을 해야 합니다.

보 기

1 رَأْسِي يُؤْلِمُنِي. / Ra'si Yu'limunee. / 머리가 아파요.

2 يَدِي تُؤْلِمُنِي. / Yadi Tu'limunee. / 손이 아파요

3 عَيْنِي تُؤْلِمُنِي. / Ayni Tu'limuni. / 눈이 아파요

위의 1번 예문에서는 머리가 남성형이기 때문에 동사 "아프다"도 남성형으로 썼고, 2번 예문에서는 손이 여성형이기 때문에 동사도 일치해서 여성형으로 썼습니다.

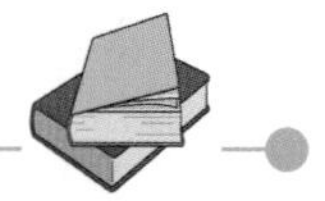

01 '~가 아파요' ~عِنْدِي أَلَمٌ فِي

'아프다'라는 아랍어 표현 가운데 가장 흔히 쓰이는 말로 다음의 두 가지가 있습니다.

1 عِنْدِي أَلَمٌ فِي ______ / 'Indi 'Alamun Fee~ /

'~에 통증이 있다'라는 뜻입니다.

2 ______ يُؤْلِمُنِي / تُؤْلِمُنِي. / Yu'limuni / Tu'limunee. /

'~이 나를 괴롭히다, 아프게 하다'라는 뜻입니다.
동사 '아프다'를 활용할 때는 신체 부위 명사의 성에 따라 (يُـ) 또는 (تُـ)를 붙입니다.

질문과 대답

질문

مَا بِكَ / مَا بِكِ؟ / Ma Bika / Ma Biki? / 괜찮아요? / 어디가 아파요?

대답

1 رَأْسِي يُؤْلِمُنِي. / Ra'asi Yu'limunee. / 머리가 아파요.

2 عِنْدِي أَلَمٌ فِي رَأْسِي. / 'Indi 'Alamun Fi Ra'asee. / 머리가 아파요.

02 접미형 인칭대명사 الضَّمِيرُ الْمُتَّصِلُ

아랍어의 인칭대명사는 독립적으로 쓰이는 أَنَا (나), أَنْتَ (너, 2인칭, 남자)와 같은 독립형 인칭대명사 외에 여러 품사의 뒤에 붙어 특별한 뜻을 갖는 접미형 인칭대명사가 있습니다.
접미형 인칭대명사가 명사에 붙으면 소유의 뜻을 나타냅니다. كِتَابٌ (책)이라는 명사에 접미형 인칭대명사를 붙여 봅시다.

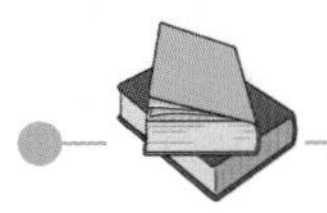

문법 및 표현 القَوَاعِدُ وَالتَّعَابِيرُ

	독립형	접미형	보기
3인칭{남}	هُوَ Huwa	ـهُ -Hu	كِتَابُهُ Kitabuhu
3인칭{여}	هِيَ Hiya	ـهَا -Ha	كِتَابُهَا Kitabuha
2인칭{남}	أَنْتَ 'Anta	ـكَ -ka	كِتَابُكَ Kitabuka
2인칭{여}	أَنْتِ 'Anti	ـكِ -ki	كِتَابُكِ Kitabuki
1인칭	أَنَا 'Ana	ـي -ee	كِتَابِي Kitabee

접미형을 쓸 때 주의할 점은 다음과 같습니다.

① 접미형 인칭대명사가 명사에 붙으면 그 명사는 한정상태가 됩니다. 따라서 **탄윈이나 관사가 붙지 않습니다.**

보 기

- مَكْتَبٌ / Maktabun / 사무실
- مَكْتَبُهُ / Maktabuhu / 그(남자)의 사무실
- المَكْتَبُ / Almaktabu / 그 사무실
- المَكْتَبُهُ / مَكْتَبُهٌ (X)

명사가 여성형일 경우 다음과 같이 바뀝니다.

보기

1 مَكْتَبَةٌ / Maktabatun / 도서관 ← مَكْتَبَتُهُ / Maktabatuhu / 그의 도서관

2 أُسْتَاذَةٌ / 'Ustaadhatun / 여자 선생님 ← أُسْتَاذَتُهَا / 'Ustaadhatuha / 그녀의 선생님

② 접미형 인칭대명사를 붙인 명사의 격 변화는 다음과 같습니다.

보기

- (주격) مَكْتَبُكَ. / Maktabuka. /
- (소유격) مَكْتَبِكَ. / Maktabika. /
- (목적격) مَكْتَبَكَ. / Maktabaka. /

단, 1인칭 단수 접미형 인칭대명사 (ـــي) 의 주격, 소유격, 목적격은 모두 같습니다.

보기

- مَكْتَبِي / Maktabi / 나의 사무실이/ 의/ 을(주격, 소유격, 목적격)

연습문제
التَّدْرِيبَاتُ

1 <보기>의 단어를 이용해 문장을 완성해 보세요.

<보기>

رَأْسِي يَدُكَ

المُسْتَشْفَى الكِتَابُ

1 عِنْدِي أَلَمٌ فِي ________.

2 هَيَّا نَذْهَبْ إِلَى ________.

3 هَلْ ________ تُؤْلِمُكَ؟

2 빈칸에 알맞은 말을 넣어 문장을 완성해 보세요.

- 어디가 아파요?

________ بِكَ؟

- 배가 아파요.

عِنْدِي ________ فِي ________.

- 대단히 감사합니다.

شُكْرًا ________.

- 빨리 나으세요.

________.

3 다음 명사를 <보기>와 같이 접미형 인칭대명사를 이용해 바꿔 보세요.

<보기>

كِتَابٌ +هُوَ = كِتَابُهُ •

1 يَدٌ + هُوَ = ________.

2 رَأْسٌ + هِيَ = ________.

3 بَطْنٌ + أَنْتَ = ________.

التَّدْرِيبَاتُ 연습문제

4 다음 신체 부위의 성을 확인하고 <보기>에 있는 동사로 문장을 완성해 보세요.

<보기>
يُؤلِمُنِي تُؤلِمُنِي

1 يَدِي ________________.

2 رَأْسِي ________________.

3 عَيْنِي ________________.

5 다음 단어를 듣고 알맞은 그림을 체크해 보세요. ....

1

A	B	C	D

2

A	B	C	D

3

A	B	C	D

아랍어 쓰기 연습 08

※ 다음 단어를 빈칸에 써 보세요.

				الْمُسْتَشْفَى	**الْمُسْتَشْفَى** 병원
				الْمُسْتَشْفَى	
				أَلَمٌ	**أَلَمٌ** 통증
				أَلَمٌ	
				الصَّيْدَلِيَّةُ	**الصَّيْدَلِيَّةُ** 약국
				الصَّيْدَلِيَّةُ	
				بَعِيدٌ	**بَعِيدٌ** 먼
				بَعِيدٌ	
				يُؤْلِمُنِي	**يُؤْلِمُنِي** ~이 나를 아프게 하다
				يُؤْلِمُنِي	

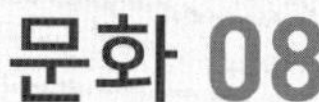

문화 08

아랍 결혼식

결혼 관습

한국인과 마찬가지로 아랍인들에게 결혼은 전통적으로 개인적인 일이라기 보다는 가족, 친족을 포함하는 집단이나 공동체 전체의 중대사로 간주됩니다. 물론 오늘날 근대화에 따른 서구식 교육을 받은 아랍의 젊은이들 사이에는 전통적인 결혼 방식보다 자신의 의사에 따라 배우자를 선택해 결혼하는 추세가 증가하고 있기는 하지만 대다수의 아랍인들은 여전히 전통적인 결혼 관념에서 크게 벗어나지 못하고 있습니다.

아랍인의 결혼에서 특이한 관습으로는 '마흐르 (مَهْرٌ)'가 있는데 이는 결혼 시 신랑이 신부에게 선사하는 결혼 지참금을 말합니다. 마흐르는 결혼의 필요조건으로서 이것이 이루어지지 않는 결혼은 합법적인 것으로 인정되지 않습니다. 마흐르를 가지고 신부가 금 (ذَهَبٌ)과 옷을 삽니다.

아랍 결혼식

결혼 전에 대부분 아랍 나라에서는 약혼을 하며 약혼식도 진행합니다. 약혼은 짧은 기간 동안 유지되며, 이후에 결혼식을 올립니다. 만약 결혼 준비가 아직 되어있지 않다면 약혼 기간을 약 1년 정도 유지하며 준비를 한 후 결혼식을 올립니다.

▲ 여자가 마흐르를 받은 후 사는 금

아랍 결혼식은 나라마다 조금씩 다르긴 하지만 일반적으로 저녁 시간대에 약 4시간 동안 춤을 추면서 진행합니다. 요즘은 결혼식을 주로 웨딩홀에서 진행하기도 하지만 집에서 할 때도 있습니다. 보수적 성향을 가진 무슬림 가정의 결혼식은 남녀가 따로 진행하기도 합니다. 결혼식에서는 음식을 준비하고 밤 늦게까지 춤 추면서 시간을 보냅니다. 마지막 시간에는 신랑, 신부의 가까운 친척들이 인사하면서 신랑, 신부에게 돈 혹은 금을 줍니다.

09

은행이 어디에 있습니까?

أَيْنَ الْبَنْكُ؟

학습목표 الأَهْدَافُ

- الأَمَاكِنُ العَامَّةُ 공공장소
- وَسَائِلُ المُوَاصَلَاتِ 교통수단
- حُرُوفُ الجَرِّ(1) 전치사(1)
- اِسْمُ الفَاعِلِ "ذَاهِبٌ" 능동분사 '가는'의 변화
- الاِسْتِفْهَامُ(2) 의문사(2)

회화 المُحَادَثَة

① أَيْنَ البَنْكُ؟ 'Ayna Al-banku?

Track 57

مُحَمَّد : لَو سَمَحْتَ يَا عَمِّي، أَيْنَ البَنْكُ

العَمُّ : هُوَ فِي الجِهَةِ الأُخْرَى مِنَ الشَّارِعِ، بِجَانِبِ المَدْرَسَةِ.

مُحَمَّد : هَلِ المَدْرَسَةُ بَعِيدَةٌ عَنْ هُنَا؟

العَمُّ : لَا، هِيَ قَرِيبَةٌ.

مُحَمَّد : شُكْرًا يَا عَمِّي.

العَمُّ : عَفْوًا يَا بُنَيَّ.

Muh'am'mad : Law Samah'ta Ya 'Am'mee, 'Ayna Al-banku?

Al'am : Huwa Fi Al-jihati Al-'ukhraa Mina Ash-sh'hari'i, Bijanibi Al-madrasati.

Muh'am'mad : Hal Al-madrasatu Ba'eedatun 'An Huna?

Al'am : La, Hiya Qareebatun.

Muh'am'mad : Shukran Ya Am'mee.

Al'am : Afwan Ya Bunay'ya.

Kayfa 'Adhhabu Ilaa Al-math'afi Al-Wat'aneyi?

سو يون : كَيْفَ أَذْهَبُ إِلَى المَتْحَفِ الوَطَنِيِّ يَا مَهَا؟

مَهَا : هَذَا البَاصُ ذَاهِبٌ إِلَى المَتْحَفِ الوَطَنِيِّ.

سو يون : وَمَا رَقْمُ هَذَا البَاصِ؟

مَهَا : رَقْمُهُ خَمْسَةٌ وَسَبْعُون.

سو يون : شُكْرًا يَا صَدِيقَتِي.

مَهَا : عَفْوًا.

Su Yon : Kayfa Adhhabu Ilaa Al-math'afi Al-wat'aneyi Ya Maha?

Maha : Haadhaa Al-baas'u Dhaahibun Ilaa Al-math'afi Al-wat'aneyi.

Su Yon : Wamaa Raqmu Haadha Al-baas'i?

Maha : Raqmuhu Khamsatun Wasab'oun.

Su Yon : Shukran Ya S'adeeqati.

Maha : Afwan.

٣ مَدِينَةُ سِيُول Madeenatu Seeoul

هَذِهِ صُورَةُ مَدِينَةِ سِيُول. وَهِيَ مَدِينَةٌ جَمِيلَةٌ . فِي المَدِينَةِ نَهْرٌ وَبِجَانِبِ النَّهرِ شَارِعٌ . مَكْتَبُ البَرِيدِ فِي الشَّارِعِ. البَنْكُ قَرِيبٌ مِنَ المَدْرَسَةِ. وَمَحَطَّةُ المِتْرُو خَلْفَ البَنْكِ. مَحَطَّةُ البَاصِ أَمَامَ النَّهْرِ. أَحْيَانًا أَذْهَبُ إِلَى النَّهْرِ بِالدَّرَّاجَةِ.

Hadhihi S'ouratu Madeenati Seeoul. Wahiya Madeenatun Jameelatun.
Fi Al-madeenati Nahrun Wabijanibi An-n'nahiri Shaari'un. Maktabu Al-bareedi Fi Ash-sh'hari'i. Al-banku Qareebun Mina Al-madrasati. Mah'at'atu Al-mitrou Khalfa Al-banki. Wmah'at'atu Al-baas'i 'Amama An-nahri. Ah'yaanan 'Adhhabu Ilaa An-n'nahri Bid'dar'raajati.

해석 التَّرْجَمَةُ

1 은행이 어디에 있어요?

무함마드	아저씨, 실례지만 은행이 어디에 있어요?
아저씨	길 맞은편에 있어요. 학교 옆에 있어요.
무함마드	학교는 여기에서 멀어요?
아저씨	아니요, 가까워요.
무함마드	감사합니다, 아저씨.
아저씨	천만에요.

2 박물관에 어떻게 가나요?

수연	마하 씨, 국립 박물관에 어떻게 가요?
마하	이 버스는 국립 박물관에 가는 버스예요.
수연	이 버스 번호가 뭐예요?
마하	75번이에요.
수연	고마워요.
마하	천만에요.

3 서울 도시

여기는 서울입니다. 서울은 아름다운 도시입니다. 도시에 강이 있고 강 옆에 길이 있습니다. 우체국은 길 옆에 있고 은행이 학교 근처에 있습니다. 지하철역은 은행 뒤에 있고 버스 정류장은 강 앞에 있습니다. 가끔은 자전거로 강에 갑니다.

새 단 어 كَلِمَاتُ الدَّرْسِ

지하철역	mah'at'atu al-mitrou	مَحَطَّةُ المِتْرُو
국립박물관	Al-math'afu Al-wat'aneyu	المَتْحَفُ الوَطَنِيُّ
(전치사) ~뒤	khalfa	خَلْفَ
버스	albaas'u	البَاصُ
(전치사) ~앞	'amaama	أَمَامَ
나의 여자친구	s'adeeqatee	صَدِيقَتِي
버스 정류장	mah'at'atu al-baas'i	مَحَطَّةُ البَاصِ
(전치사) ~옆	bijanibi	بِجَانِبِ
서울	seeoul	سِيُول
자전거	ad'dar'raajatu	الدَّرَّاجَةُ
길	as-sh'haari'u	الشَّارِعُ
강	nahrun	نَهْرٌ
학교	almadrasatu	المَدْرَسَةُ
젊은이	bunay'ya	بُنَيَّ
가끔	'ah'yaanan	أَحْيَانًا

새 단 어 كَلِمَاتُ الدَّرْسِ

은행	al-banku	الْبَنْكُ
아저씨	'am'mun('am'mee)	عَمٌّ (عَمِّي)
가는, 가고 있는	dhaahibun	ذَاهِبٌ
맞은편	aljihati al-'ukhraa	الْجِهَةِ الأُخْرَى
사진	s'ouratun	صُورَةٌ
도시	madeenatun	مَدِينَةٌ
우체국	maktabu Al-bareedi	مَكْتَبُ الْبَرِيدِ
번호	raqmun	رَقْمٌ

어휘 المُفْرَدَات

01 공공장소 الأَمَاكِنُ العَامَّةُ

우리가 자주 가는 공공장소를 아랍어로 알아봅시다.

은행 Albanku الْبَنْكُ	Al-math'afu Al-wat'aneyu المَتْحَفُ الوَطَنِيُّ 국립박물관
시장 As-s'souqu السُّوقُ	학교 Almadrasatu المَدْرَسَةُ
공항 Almat'aaru المَطَارُ	대학교 Aljaamia'tu الجَامِعَةُ
도서관 Almaktabatu المَكْتَبَةُ	우체국 Maktabu Al-bareedi مَكْتَبُ البَرِيدِ

02 교통수단 وَسَائِلُ المُوَاصَلَاتِ

교통수단을 아랍어로 알아봅시다.

الدَّرَّاجَةُ Ad'dar'raajatu	القِطَارُ Alqit'aaru	السَّيَارَةُ Als'sayaaratu	البَاصُ Albaas'u
자전거	기차	자동차	버스
المِتْرُو Almetruo	مَشْيًا عَلَى الأَقْدَام Mashyan 'Alaa Al-'aqdaami	الطَّائِرَةُ Alt'aa'iratu	السَّفِينَةُ Als'safeenatu
지하철	걸어서	비행기	배

~(교통수단)으로 가요

교통수단 + بِـ + أذهَبُ

أَذْهَبُ + بِـ + السَّيَارَةِ = أَذْهَبُ بِالسَّيَارَةِ.

/ 'Adhhabu Bis'sayaarati. /

자동차로 갑니다.

~부터 …까지

مِنْ البَيْتِ إِلَى المَدْرَسَةِ.

/ Min Al-bayti Iilaa Al-madrasati. /

집에서 학교까지

어휘 المُفْرَدَات

보기

1 **كَيْفَ تَذْهَبُ إِلَى المَدْرَسَةِ؟** 당신은 학교에 어떻게 가요?

/ Kayfa Tadhahabu Ilaa Al-madrasati? /

أَذْهَبُ إِلَى المَدْرَسَةِ بِالبَاصِ. 나는 학교에 버스로 가요.

/ 'Adhhabu Ilaa Al-madrasati Bilbas'i. /

2 **كَيْفَ تَذْهَبِينَ مِنَ البَيْتِ إِلَى المَدْرَسَةِ؟** 당신(여)은 집에서 학교까지 어떻게 가요?

/ Kayfa Tadhhabeena Mina Al-bayti Ilaa Al-madrasati? /

أَذْهَبُ مِنَ البَيْتِ إِلَى المَدْرَسَةِ مَشْيًا عَلَى الأَقْدَامِ. 나는 집에서 학교까지 걸어가요.

/ 'Adhhabu Mina Al-bayti Ilaa Al-madrasati Mashyan Ala Al-aqdaami. /

3 **كَيْفَ تَذْهَبُ مِنَ الأُرْدُنِّ إِلَى سُورْيَا؟** 요르단에서 시리아까지 어떻게 가요?

/ Kayfa Tadhhabu Min Al-Urdun Ilaa Sourya? /

بِالسَّيَارَةِ. 자동차로 가요. /

/ Bis'sayarati. /

'ـبِ' 는 교통수단이나 도구를 말할 때 쓰는 전치사입니다. 전치사 다음에 나오는 명사는 항상 소유격입니다. 따라서, 그 명사의 끝자음 발음부호는 "ـِ"로 나와야 합니다.

보기

1 **بِالبَاصِ.** / Bialbaas'i / 버스로

2 **بِالقَلَمِ.** / Bilqalami / 연필로

3 **بِالطَّيَّارَةِ.** / Bit-t'ay'yaarti / 비행기로

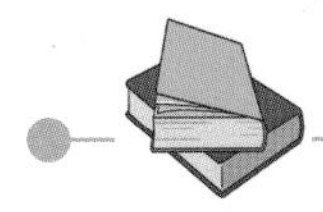

문법 및 표현 القَوَاعِدُ وَالتَّعَابِيرُ

01 전치사(1) حُرُوفُ الجَرِّ(1)

Track 60

Tah'ta تَحْتَ	Bijaanibi بِجَانِبِ	Khalfa خَلْفَ	Amaama أَمَامَ
밑	옆	뒤	앞
Yasaara يَسَارَ	Yameena يَمِينَ	Fawqa فَوْقَ	'Alaa عَلَى
왼쪽	오른쪽	위	위 / 에

다음 보기와 같이 물건의 위치를 전치사를 사용해서 이야기해 봅시다.

보 기

1 الكِتابُ عَلَى / فَوْقَ المَكْتَبِ. / Al-kitabu 'Alaa / fawqa Al-maktabi. / 책이 책상 위에 있다.

2 الكَلْبُ بِجَانبِ السَّرِيرِ. / Alkalbu Bijanbi As-sareeri. / 강아지가 침대 옆에 있다.

3 الكُرَةُ تَحْتَ المَكْتَبِ. / Alkuratu Tah'ta Al-maktabi. / 공이 책상 밑에 있다.

4 الكُمْبُيوتَرُ أَمَامَ الكِتَابِ. / Alkumbuyutaru 'Amama Al-kitabi. / 컴퓨터가 책 앞에 있다.

5 الحِذَاءُ يَمِينَ البَابِ. / Alh'idha'u Yameena Al-babi. / 구두는 문 오른쪽에 있다.

6 السَّرِيرُ يَسَارَ البَابِ. / Alsareeru Yasara Al-babi. / 침대는 문 왼쪽에 있디.

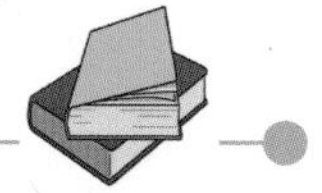

02 능동분사 '가는'의 변화 "ذَاهِبٌ" اِسْمُ الْفَاعِلِ

아랍어는 파생어가 발달된 언어입니다. 동사원형에서 파생된 명사들 중에는 능동분사, 수동분사, 시간명사, 장소명사 등이 있습니다. 능동분사는 '~하는, 하고 있는'을 뜻하며 다음과 같이 단수, 쌍수, 복수 그리고 여성과 남성으로 구분할 수 있습니다.

여성	남성	
ذَاهِبَةٌ Dhaahibatun	ذَاهِبٌ Dhaahibun	단수
ذَاهِبَتَانِ Dhaahibataani	ذَاهِبَانِ Dhaahibaani	쌍수
ذَاهِبَاتٌ Dhaahibaatun	ذَاهِبُونَ Dhaahibouna	복수

보기

1 هَذَا الْبَاصُ ذَاهِبٌ إِلَى الْمَتْحَفِ. 이 버스는 박물관에 가는 버스입니다.

/ H'aahdha Al-baas'u Dhaahibun Ila Al-mat-h'afi. /

2 هَذِهِ السَّيَّارَةُ ذَاهِبَةٌ إِلَى بَيْتِي. 이 차는 우리 집에 가는 차입니다.

/ H'aahdhihi As-s'say'yaaratu Dhaahibatun Ilaa Baytee. /

3 هَاتَانِ السَيَّارَتَانِ ذَاهِبَتَانِ إِلَى السُّوقِ. 이 두 차는 시장에 가는 차입니다.

/ Hataani As-say'yarataani Dhaahibatani Ila As-souqi /

문법 및 표현 القَوَاعِدُ وَالتَّعَابِيرُ

03 의문사(2) الاِسْتِفْهَامُ(2)

Track 62

1) 어디 أَيْنَ

의문사 'أَيْنَ'의 대답으로는 주로 مِنْ, فِي, إِلَى 등의 전치사를 사용합니다. 또한, 의문사 'أَيْنَ'와 전치사 'مِنْ' 을 함께 쓰면 '어디에서'라는 뜻이 됩니다.

1 أَيْنَ تَذْهَبُ؟ 어디에 갑니까? / 'Ayna Ta'tdhhabu? /	1 إِلَى البَيْتِ 집으로 (갑니다) / Ilaa Al-bayti /
2 أَيْنَ أَبِي؟ 나의 아버지는 어디에 계십니까 ? / 'Ayna 'Abee? /	2 فِي السُّوقِ 시장에 (있습니다) / Fi As-souqi /
3 أَيْنَ الحَمَّامُ؟ 화장실이 어디입니까? / 'Ayna Al-h'am'maamu? /	3 إِلَى اليَمِينِ 오른쪽에 (있습니다) / Ila Al-yameeni /
4 أَيْنَ تَعْمَلُ؟ 어디에서 일합니까? / 'Anyna Ta'malu? /	4 فِي المَكْتَبَةِ 도서관에서 (일합니다) / Fi Al-maktabati /
5 مِنْ أَيْنَ أَنْتَ؟ 당신은 어디에서 왔습니까? / Min 'Ayna 'Anta? /	5 أَنَا مِنْ كُورِيَا 저는 한국에서 왔습니다. / 'Ana Min Kuriya. /

2) 어떻게 كَيْفَ

의문사 'كَيْفَ' 도 다른 의문사처럼 문장 첫머리에 쓰며 '어떻게'라는 뜻을 나타냅니다.

보기

1 كَيْفَ الحَالُ؟ / Kayfa Al-h'aalu? / 어떻게 지내요?

2 كَيْفَ الدِّرَاسَةُ؟ / Kayfa Ad-d'diraasatu? / 공부는 어때요?

3 كَيْفَ الجَوُّ؟ / Kayfa Al-jawu? / 날씨가 어때요?

4 كَيْفَ أَذْهَبُ إِلَى البَنْكِ؟ / Kayfa A'dhhabu Ila Al-banki? / 은행에 어떻게 가요?

التَّدْرِيبَاتُ 연습문제

1 <보기>의 단어를 이용해 문장을 완성해 보세요.

<보기>
بِالسَّيَّارَةِ　فَوْقَ　بِجَانِبِ　إِلَى　السُّوقِ　أَيْنَ

1 أَيْنَ المَدْرَسَةُ؟

المَدْرَسَةُ ______________ البَنْكِ.

2 أَذْهَبُ إِلَى البَيْتِ ______________.

3 القَلَمُ ______________ الكِتَابِ.

4 ______________ البَنْكُ؟

أَمَامَ المَدْرَسَةِ.

2 다음 그림을 보고 <보기>에서 알맞은 단어를 골라 쓰세요.

أَمَامَ	خَلْفَ	بِجَانِبِ	تَحْتَ	عَلَى	يَمِينَ	يَسَارَ

- مُحَمَّدٌ ______________ المَدْرَسَةِ.
- الكَلْبُ ______________ السَّيَّارَةِ.
- الكِتَابُ ______________ الطَّاوِلَةِ.

연습문제 التَّدْرِيبَاتُ

3 괄호 안의 단어를 이용해 <보기>와 같이 써 보세요.

<보기>
هَلْ هَذَا البَاصُ ذَاهِبٌ إِلَى المَطَارِ؟ لَا. **هَذَا البَاصُ ذَاهِبٌ إِلَى الجَامِعَةِ.**

- هَلْ هَذَا البَاصُ ذَاهِبٌ إِلَى السُّوقِ؟ (المَكْتَبَةِ)
  لَا، ____________________.
- هَلْ هَذَا البَاصُ ذَاهِبٌ إِلَى مَكْتَبِ البَرِيدِ؟ (المَطَارِ)
  لَا، ____________________.

4 다음 질문을 알맞은 의문사를 이용해 완성하세요.

1 ____________________ الحَالُ؟

2 ____________________ مَكْتَبُ البَرِيدِ؟

3 ____________________ الجَوُّ؟

5 다음 대화를 듣고 알맞은 사진에 체크하세요.

1

2

3

아랍어 쓰기 연습 09

※ 다음 단어를 빈칸에 써 보세요.

اَلْبَنْكُ
은행

				اَلْبَنْكُ
				اَلْبَنْكُ

أَيْنَ؟
어디?

				أَيْنَ؟
				أَيْنَ؟

أَذْهَبُ
나는 가다

				أَذْهَبُ
				أَذْهَبُ

أَمَامَ
앞

				أَمَامَ
				أَمَامَ

ذَاهِبٌ
가는, 가고 있는, 가고 있는 사람

				ذَاهِبٌ
				ذَاهِبٌ

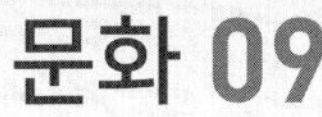

문화 09

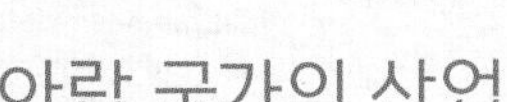

아랍 국가의 산업

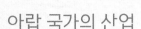

아랍 세계의 농업

이라크의 유프라테스강, 티그리스강, 이집트의 나일강 유역에서 수확된 쌀, 밀, 대추야자는 자국 내에서 소비되기도 하고 많은 나라로 수출되기도 합니다. 과거에 밀을 수입하던 사우디아라비아는 현재 밀을 자급자족하며 수출도 하고 있습니다. 이집트는 세계적으로 질이 좋기로 유명한 목화와, 설탕의 원료가 되는 사탕수수도 많이 재배하고 있습니다.

또한, 지중해 연안에 위치한 아랍 국가는 겨울에 내리는 비 덕분에 다양한 채소와 고당도 과일을 재배할 수 있습니다. 사우디아라비아는 대추야자로 유명하고 레반트 나라들은 과일 및 채소로 유명합니다. 아프리카 쪽에 있는 아랍 국가들은 올리브와 올리브유로 유명합니다.

아랍 산유국

세계 경제에 중요한 역할을 하는 석유의 중심지는 아랍 국가입니다. 사우디아라비아, 쿠웨이트, 이라크, 카타르, 리비아, 아랍에미리트, 알제리는 석유수출국기구(OPEC) 회원국입니다. 이 나라들은 석유 수출을 통해 벌어들인 외화를 자국의 석유화학, 운수업, 금융업과 같은 산업에 투자하고 있습니다. 사우디아라비아의 석유 매장량은 약 25%이며, 이를 기타 아랍 국가의 석유 매장량과 합하면 아랍 세계의 석유 매장량은 세계 석유 매장량의 약 50%를 차지하게 됩니다.

▲ 대추야자를 수확하는 아랍 농부

▲ 쌀 수확

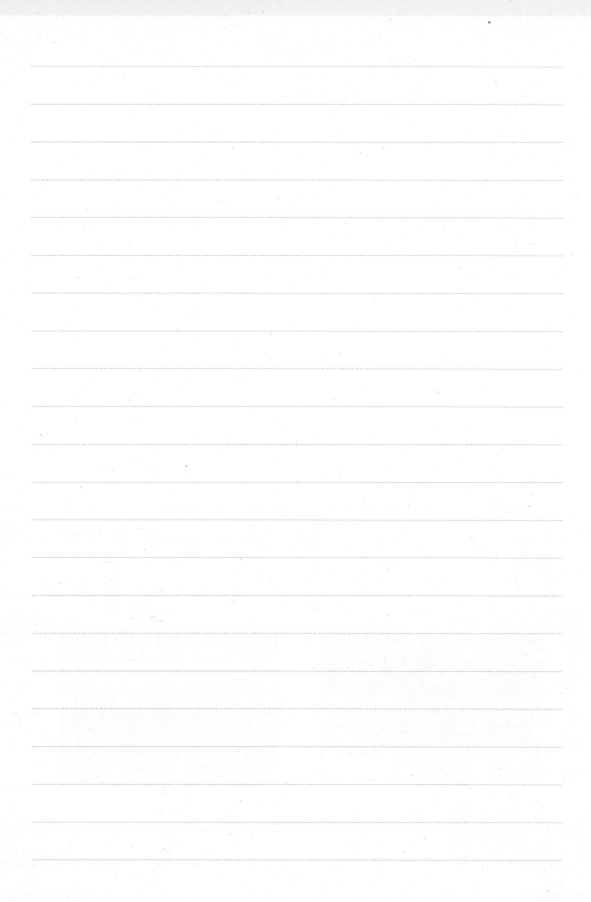

10 저희 아버지는 회사원입니다.

أَبِي مُوَظَّفٌ

학습목표 الأَهْدَافُ

- الوَظِيفَةُ 직업
- الأَرْقَامُ التَّرْتِيبِيَةُ 서수
- حُرُوفُ الجَرِّ(2) 전치사(2)
- الإِضَافَةُ 연결형

١ أَبِي مُوَظَّفٌ. 'Abi Muwath'afun.

Track 64

أَبِي مُوَظَّفٌ فِي البَنْكِ. يَعْمَلُ أَبِي فِي بَنْكِ الأُرْدُنِّ. يَبْقَى أَبِي فِي العَمَلِ حَتَّى سَاعَةٍ مُتَأَخِرَةٍ. يَلْتَقِي أَبِي مَعْ أجَانِبَ فِي البَنْكِ. يَأتِي الأجَانِبُ إِلَى البَنْكِ لِصَرْفِ النُّقُودِ. أَبِي يُحِبُّ عَمَلَهُ كَثِيرًا.

'Abi Muwath'afun Fi Al-bank. Ya'malu 'Abi Fi Banki Al-'urdun'n. Yabqaa 'Abi Fi Al-'amali H'attaa Sa'atin Muta'akhira. Yaltaqi 'Abi Ma' Ajaaniba Fi Al-bank. Ya'ati Al-'ajaanibu Ilaa Al-banki Lis'arfi An-nuqoud. 'Abi Yuh'ib'bu 'Amalahu Katheeran.

المُحَادَثَةُ 회화

٢ مَا وَظِيفَتُكَ؟ Ma Wath'eefatuka?

مَهَا : مَرْحَبًا.

مُحَمَّد : أَهْلًا. أَنَا مُحَمَّد.

مَهَا : وَأنَا مَهَا. فُرْصَةٌ سَعِيدَةٌ.

مُحَمَّد : فُرْصَةٌ سَعِيدَةٌ.

مَهَا : مَا وَظِيفَتُكَ؟

مُحَمَّد : أنَا مُدَرِّسٌ. وأَنتِ؟

مَهَا : أنَا مُمَرِّضَةٌ.

Maha : Marh'aban.
Muh'am'mad : 'Ahlan.'Ana Muh'am'mad.
Maha : Wa'ana Maha. Furs'atun Sa'eeda.
Muh'am'mad : Furs'atun Sa'eeda.
Maha : Ma Wath'eefatuka?
Muh'am'mad : Ana Mudar'risun. W'anti?
Maha : Ana Mumar'rid'a.

٢ أُمِّي رَبَّةُ بَيْتٍ. 'Um'mi Rab'batu Baytin.

مُحَمَّد : مَرْحَبًا، يَا مِين سو.

مين سو : أَهْلًا، يَا مُحَمَّد.

مُحَمَّد : هَلْ أَخُوكَ مُوَظَّفٌ؟

مين سو : لَا، أَخِي مُهَنْدِسٌ فِي الحُكُومَةِ. وَأَخُوكَ؟

مُحَمَّد : أَخِي أُسْتَاذٌ فِي الجَامِعَةِ.

مين سو : هَلْ أُمُّكَ مُدَرِّسَةٌ؟

مُحَمَّد : لَا، أُمِّي رَبَّةُ بَيْتٍ. وَأُمُّكَ؟

مين سو : أُمِّي مُتَرْجِمَةٌ فِي السِّفَارَةِ.

Muh'am'mad : Marh'aban, Ya Min Su.
Min Su : Ahlan, Ya Muh'am'mad.
Muh'am'mad : Hal Akhouka Muwath'afun?
Min Su : La, 'Akhi Muhandisun Fi Al-h'ukouma. Wa'akhouka?
Muh'am'mad : 'Akhi 'Ustaadhun Fi Al-jami'a.
Min Su : Hal 'Um'muka Mudar'risatun?
Muh'am'mad : La, 'Um'mi Rab'batu Bayt. Wa'um'muka?
Min Su : 'Um'mi Mutarjimatun Fi As-s'sifarati.

해석 التَّرْجَمَةُ

1 아버지는 회사원입니다.

저희 아버지는 은행원이십니다. 아버지는 요르단 은행에서 일하십니다. 아버지는 늦게까지 일하시고 외국인을 많이 만나십니다. 외국인들이 환전하러 은행에 옵니다. 아버지는 일을 정말 좋아하십니다.

2 직업이 뭐예요?

마하	안녕하세요.
무함마드	안녕하세요. 무함마드입니다.
마하	저는 마하입니다. 처음 뵙겠습니다.
무함마드	반갑습니다.
마하	직업이 뭐예요?
무함마드	저는 교사입니다. 마하 씨는요?
마하	저는 간호사입니다.

3 우리 어머니는 주부예요.

무함마드	안녕하세요, 민수 씨.
민수	안녕하세요, 무함마드 씨.
무함마드	형이 회사원이에요?
민수	아니요, 형은 정부에서 기술자로 일해요. 무함마드 형은요?
무함마드	우리 형은 대학교 교수예요.
민수	어머니는 선생님이세요?
무함마드	아니요, 우리 어머니는 주부예요. 무함마드 씨 어머니는요?
민수	대사관에서 번역가로 일하세요.

새 단 어 كَلِمَاتُ الدَّرْسِ

늦은 시간까지	h'at'taa sa'atin muta'aakhiratin	حَتَّى سَاعَةٍ مُتَأَخِرَةٍ
주부	rab'batu baytin	رَبَّةُ بَيْتٍ
만나다(미완료형)	yaltaqee	يَلْتَقِي
기술자	muhandisun	مُهَنْدِسٌ
와, 과 / 함께	ma'	مَعَ
정부	alh'ukoumatu	الحُكُومَةُ
외국인(복수형)	'ajaanibu	أَجَانِبُ
대학교	aljaami'atu	الجَامِعَةُ
남자 선생	mudar'risun	مُدَرِّسٌ
많이 / 너무	katheeran	كَثِيرًا
계속 있다 / 머물다(미완료형)	yabqaa	يَبْقَى
여자 선생	mudar'risatun	مُدَرِّسَةٌ
대사관	as-s'sifaratu	السِّفَارَةُ
일	al'amalu	العَمَلُ
간호사	mumar'rid'atun	مُمَرِّضَةٌ
오다(미완료형)	ya'atee	يَأْتِي

كَلِمَاتُ الدَّرْس 새 단 어

مُوَظَّفٌ	muwath'afun	직원
وَظِيفَةٌ	wath'eefa	직업
صَرْفُ (النُّقُودِ)	s'arfu(an-n'nuqoudi)	환전
يَعْمَلُ	ya'malu	일하다(미완료형)
وَظِيفَتُكَ	wath'eefatuka	너의 직업
مُتَرْجِمَةٌ	mutarjimatun	번역가(여성)
الأُرْدُنُّ	al'urdun'nu	요르단
أُسْتَاذٌ	'ustaadhun	교수

어휘 

01 직업 الوَظِيفَةُ

직업에 대한 어휘를 알아봅시다.

회사원	Muwath'afun مُوَظَّفٌ	은행직원	Muwath'afu Bankin مُوَظَّفُ بَنْكٍ
선생	Mu'al'limun مُعَلِّمٌ	변호사	Muh'aamee مُحَامِي
주부	Rab'batu Baytin رَبَّةُ بَيْتٍ	번역가	Mutarjimun مُتَرْجِمٌ
판매자	Baa'ii'un بَائِعٌ	교수	'Ustaadhun أُسْتَاذٌ
운전기사	Sa'iiqun سَائِقٌ	회계원	Muh'aasibun مُحَاسِبٌ
교장	Mudeerun مُدِيرٌ	간호사	Mumar'rid'atun مُمَرِّضَةٌ
작가	Kaatibun كَاتِبٌ	의사	T'abeebun طَبِيبٌ
		상인	Taajirun تَاجِرٌ

직업에 대해 물어볼 때는 동사문 앞에서 쓰이는 의문사 'مَاذَا'를 씁니다.

보 기

1 A : مَاذَا تَعْمَلُ؟ (남성에게 물어볼 때) 무슨 일 하세요? / Maadha Ta'mal? /

B : أَنَا طَبِيبٌ. 저는 의사입니다. / 'Ana T'abeebun. /

2 A : مَاذَا تَعْمَلِينَ؟ (여성에게 물어볼 때) 무슨 일 하세요? / Maadha Ta'maleena/

B : أَنَا مُمَرِّضَةٌ. 저는 간호사입니다. / 'Ana Mumar'rid'atun. /

02 서수 الأَرْقَامُ التَّرْتِيبِيَّةُ

الخَامِسُ Al-khaamisu	الرَّابِعُ Ar-r'raabi'u	الثَّالِثُ Ath-th'aalithu	الثَّانِي Ath-th'aanee	الأَوَّلُ Al-'aawalu
다섯 번째	네 번째	세 번째	두 번째	첫 번째
العَاشِرُ Al-'aashiru	التَّاسِعُ At-taasi'u	الثَّامِنُ Ath-thaaminu	السَّابِعُ As-s'saabi'u	السَّادِسُ As-s'saadisu
열 번째	아홉 번째	여덟 번째	일곱 번째	여섯 번째

아랍어 서수에는 여성형과 남성형이 있습니다. 서수는 앞에 오는 명사와 성이 일치해야 하는데, 명사가 여성형일 경우 서수도 여성형으로 써야 합니다.

서수의 여성형

'첫 번째'를 제외하고 '두 번째 ~ 열 번째'까지 여성형 접미사인 'ـــة'를 붙입니다.

첫 번째 : الأُولَى
/ Al-'uoulaa /

보기

1 الدَّرْسُ الأَوَّلُ. / Ad-d'darsu Al-'awalu. / 제 1과

2 الفِقْرَةُ الأُولَى. / Alfiqratu Al'uoulaa. / 제 1단락

3 الطَّالِبُ الثَّالِثُ. / At-t'aalibu Ath-thaalithu. / 세 번째 학생

4 الطَّالِبَةُ الثَّالِثَةُ. / At-t'alibatu Ath-thaalithu. / 세 번째 여학생

5 الوَرْدَةُ السَّادِسَةُ. / Alwardatu As-saadisatu. / 여섯 번째 꽃

6 هَذَا هُوَ الطَّابِقُ العَاشِرُ. / Haadha Huwa At-t'abiqu Al-'aashiru. / 이것은 10층입니다.

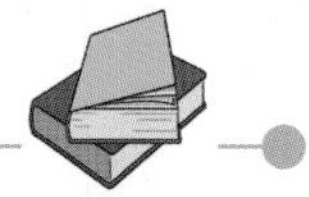

01 전치사(2) (2)حُرُوفُ الجَرِّ

لِـ Li_	بِـ Bi_	فِي Fee	عَلَى 'Alaa	عَنْ 'An	إِلَى Ilaa	مِنْ Min
~을 위해, 에게	~에, 로	~안에, 에서	~위에	~에 대해	~로, 에, 까지	~의, 로부터

보 기

- ذَهَبَ أَحْمَد مِنْ بَيْتِهِ إِلَى المَدْرَسَةِ بِالبَاصِ. 아흐마드가 집에서 학교까지 버스로 갔다.
  / Dhahaba 'Ah'mad Min Baytihi Ilaa Al-madrasati Bialbaas'i /
- عَلَى الطَاوِلَةِ قَلَمٌ. 테이블 위에 연필이 있다.
  / 'Alaa At-t'aawilati Qalamun. /
- قَالَ أَحْمَد عَنْ مَنَار: "هِيَ جَمِيلَة". 아흐마드가 마나르에 대해 예쁘다고 했다.
  / Qaala 'Ah'mad 'An Manar: Hiya Jameelaa. /
- أَكَلَ أَحْمَد فِي البَيْتِ. 아흐마드가 집에서 밥을 먹었다.
  / 'Akala 'Ah'mad Fi Al-bayti. /
- كَتَبَ أَحْمَد رِسَالَةً لِمَنَار. 아흐마드가 마나르에게 편지를 썼다.
  / Kataba 'Ah'mad Risalatan Limanar. /

여기서 주의해야 할 점은 아랍어 전치사를 쓸 때 그 다음에 오는 명사는 소유격이라는 것입니다.

보 기

1 البَيْتُ ← فِي البَيْتِ 아흐마드가 집에서 학교까지 버스로 갔다.
/ Fi Al-bayti / ⟵ / Al-baytu /

02 연결형 الإِضَافَةُ

연결형은 두 명사가 전치사 없이 연결되어 있는 상태로, 이들 명사를 각각 연결형의 제 1요소(المُضَافُ)와 제 2요소 (المُضَافُ إِلَيْه)라고 합니다. 연결형의 가장 대표적인 용법은 소유관계를 표현하는 것입니다. 이때, 제 1요소는 소유물, 제 2요소는 소유자가 됩니다.

보기

1 مَكْتَبُ المُدِيرِ / Maktabu Al-mudeeri / 실장실

مَكْتَبُ : 제 1요소، المُدِيرِ : 제 2요소

2 بَابُ المَتْحَفِ / Baabu Al-math'afi / 그 박물관의 문

بَابُ : 제 1요소، المَتْحَفِ : 제 2요소

3 دَفْتَرُ الطَّالِبِ / Daftaru At-t'aalibi / 그 학생의 공책

دَفْتَرُ : 제 1요소، الطَّالِبِ : 제 2요소

제 1요소는 주격, 제 2요소는 소유격을 취합니다.

보기

1 كِتَابُ البِنْتِ / Kitaabu Al-binti / 여자의 책

2 حِذَاءُ الطِّفْلِ / H'idhaa'u At-t'ifli / 그 아기의 신발

3 سَيَّارَةُ الطَّبِيبِ / Say'aratu At-t'abeebi / 그 의사의 자동차

4 كِتَابُ البِنْتِ / Babu Al-bayti / 그 집의 문

연습문제
التَّدْرِيبَاتُ

1 <보기>의 단어를 이용해 문장을 완성해 보세요.

<보기>
مُمَرِّضَةٌ مُهَنْدِسٌ لِـ
فِي الخَامِسُ

1 أُخْتِي ______________.

2 أَبِي مُهَنْدِسٌ ______________ الحُكُومَةِ.

3 هَذَا هُوَ الطَّابِقُ ______________.

2 다음 그림에 해당하는 직업을 <보기>에서 골라 문장을 완성해 보세요.

<보기> طَبِيبٌ مُحَامِي مُهَنْدِسٌ مُمَرِّضَةٌ

أَنَا ______________	أَنَا ______________	أَنَا ______________

3 다음 <보기>에 있는 전치사를 이용해 문장을 완성해 보세요.

<보기>
فِي عَلَى إِلَى

1 أُمِّي ______________ البَيْتِ.

2 الكِتَابُ ______________ الطَّاوِلَةِ.

3 ذَهَبَ أَحْمَد ______________ المَدْرَسَةِ.

연습문제 التَّدْرِيبَاتُ

4 다음 <보기>의 단어를 골라 연결형을 만들어 보세요.

<보기>
مَكْتَبُ قَلَمُ المُعَلِّمِ
الطَّالِبِ مَنَار حَقِيبَةُ بَيْتُ

1 선생님의 사무실 ____________

2 마나르의 집 ____________

3 학생의 가방 ____________

5 다음을 듣고 알맞은 사진을 선택하세요. ....

1

2

3

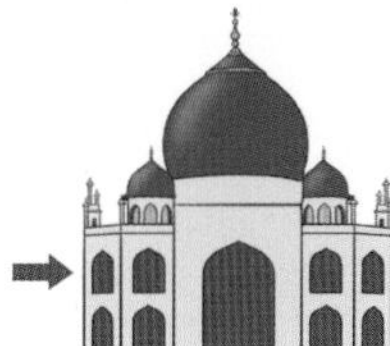

아랍어 쓰기 연습 10

※ 다음 단어를 빈칸에 써 보세요.

مُوَظَّفٌ	회사원	مُوَظَّفٌ مُوَظَّفٌ
وَظِيفَةٌ	직업	وَظِيفَةٌ وَظِيفَةٌ
الْخَامِسُ	다섯 번째	الْخَامِسُ الْخَامِسُ
إِلَى	~에, ~로	إِلَى إِلَى
مُدَرِّسَةٌ	여자 선생	مُدَرِّسَةٌ مُدَرِّسَةٌ

문화 10

아랍인의 다과

아랍인의 차 문화

아랍인들은 샤이(شَايٌ)와 까흐와(قَهْوَةٌ)를 즐겨 마십니다. 샤이는 홍차, 까흐와는 커피입니다. 아랍인들이 즐겨먹는 커피는 아랍 커피도 있고 터키 커피도 있습니다. 아랍인들은 단맛을 좋아하기 때문에 설탕을 많이 넣어 아주 달게 홍차를 마시는데 때로는 박하 잎을 홍차에 띄워 마시기도 합니다. 커피는 볶은 커피가루를 직접 물에 넣고 끓인 후 조그마한 잔에 부어 마시는데 설탕을 넣지 않으면 그 맛이 매우 쓰고 텁텁합니다. 커피를 좋아하고 그 고유의 맛을 선호하는 아랍인들은 설탕을 넣지 않고 마십니다.

아랍 빵과 후식

한국인들은 주식으로 쌀밥을 먹는 반면, 아랍인들은 빵을 먹습니다. 빵 중에서도 가장 많이 찾는 빵은 밀가루와 소금을 주재료로 해서 만든 빵으로, '쿱즈' 또는 '쿠브스'라고 하는데, 이집트에서는 이를 '에쉬 또는 아이쉬'라고 부릅니다. 빵집 상인들은 인심이 후해서 손님이 원하는 대로 양껏 빵을 제공합니다. 후식으로는 단맛이 나는 과자인 '할와'를 즐깁니다.

▲ 아랍 커피

▲ 터키 커피

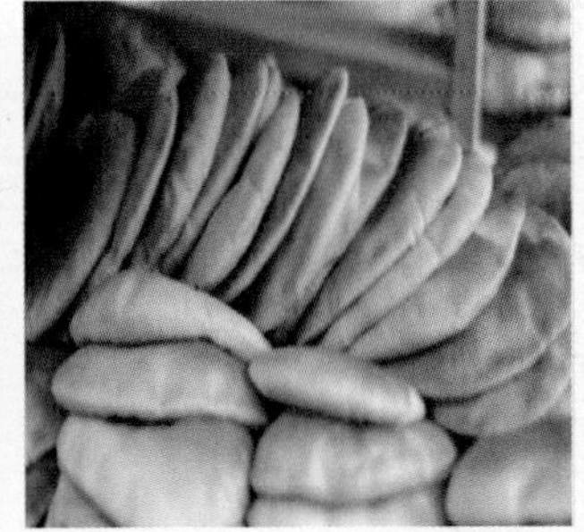
▲ 아랍 사람들이 많이 먹는 빵

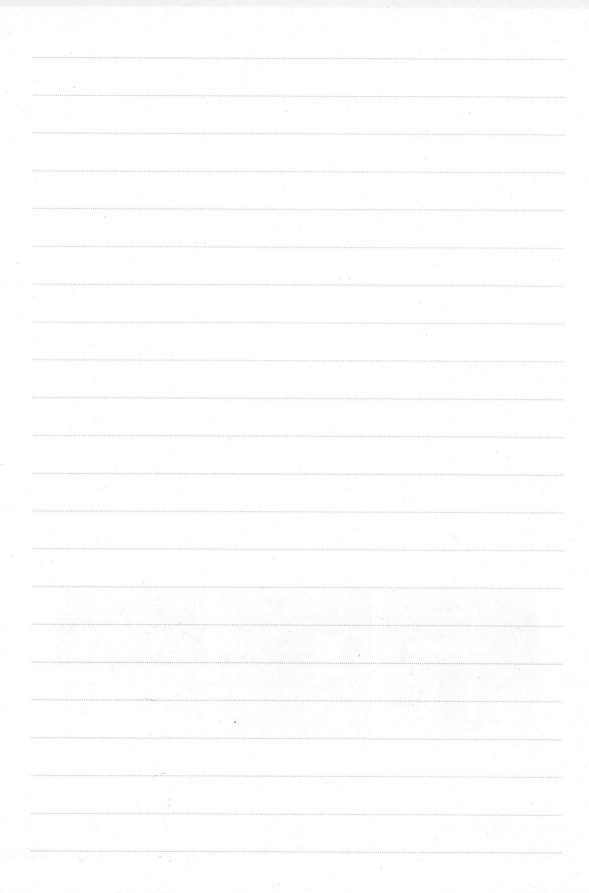

11 요르단 여행

السَّفَرُ إِلَى الأُرْدُنِّ

학습목표 الأَهْدَافُ

- السَّفَرُ وَالسِّيَاحَةُ 여행 및 관광
- المُثَنَّى 명사의 쌍수형
- فِعْلُ "سَافَرَ" 동사 '여행하다'의 완료형 변화

١ فِي المَطَارِ Fi Al-mat'aari

Track 70

مُوَظَّفُ المَطَارِ : الحَمْدُ لِلهِ عَلَى سَلَامَتِكَ.

مين سو : شُكْرًا.

مُوَظَّفُ المَطَارِ : مَا جِنْسِيَّتُكَ؟

مين سو : أَنَا كُورِيٌّ.

مُوَظَّفُ المَطَارِ : لِمَاذَا أَتَيْتَ إِلَى الأُرْدُنِّ؟

مين سو : أَتَيْتُ لِلسِّيَاحَةِ.

مُوَظَّفُ المَطَارِ : كَمْ عُمْرُكَ؟

مين سو : عُمْرِي عِشْرُونَ سَنَةً. وأَنَا طَالِبٌ.

مُوَظَّفُ المَطَارِ : جَوَازَ السَّفَرِ لَوْ سَمَحْتَ.

مين سو : تَفَضَّل.

مُوَظَّفُ المَطَارِ : شُكْرًا. وَقْتًا جَمِيلًا فِي الأُرْدُنِّ.

Muwath'afu Al-mat'aar	:	Alh'amdu Lillahi 'Alaa Salamatika.
Min Su	:	Shukran.
Muwath'afu Al-mat'aar	:	Ma Jinseyatuka?
Min Su	:	'Ana Kouriyun.
Muwath'afu Al-mat'aar	:	Limaadha 'Atayta Ilaa Al-aurdun'n?
Min Su	:	'Ataytu Lissiyaahati.
Muwath'afu Al-mat'aar	:	Kam 'Umruka?
Min Su	:	'Umri 'Ushrouna Sanatan. W'ana T'aalibun.
Muwath'afu Al-mat'aar	:	Jaawaza As-s'safari Law Samah't.
Min Su	:	Tafadd'al.
Muwath'afu Al-mat'aar	:	Shukran . Waqtan Jameelan Fi Al-aurdun'n.

٢ فِي الفُنْدُقِ Fi Al-funduqi

회화 المُحَادَثَةُ

مين سو : السَّلَامُ عَلَيْكُمْ.

مُوَظَّفُ الفُنْدُقِ : وَعَلَيْكُمُ السَّلَامُ. مَا طَلَبُكَ؟

مين سو : أُرِيدُ غُرْفَةً لِشَخْصٍ وَاحِدٍ. هَلْ عِنْدَكَ غُرْفَةٌ فَارِغَةٌ؟

مُوَظَّفُ الفُنْدُقِ : نَعَمْ.

مين سو : كَمْ أُجْرَةُ الغُرْفَةِ فِي اللَّيْلَةِ؟

مُوَظَّفُ الفُنْدُقِ : الأُجْرَةُ عَشَرَةُ دَنَانِيرَ فِي اليَوْمِ.

مين سو : هَلْ فِي الفُنْدُقِ مِصْعَدٌ؟

مُوَظَّفُ الفُنْدُقِ : نَعَمْ.

مين سو : حَسَنًا. أُرِيدُ غُرْفَةً لِيَومٍ وَاحِدٍ.

مُوَظَّفُ الفُنْدُقِ : تَفَضَّلْ. هَذَا مِفْتَاحُ الغُرْفَةِ. وَرَقْمُهَا مِائَةٌ.

Min Su : Assalaamu Alaykum.

Muwath'afu Al-funduq : Wa'alaykum Assalaam. Maa T'alabuka?

Min Su : 'Ureedu Ghurfatan Lishakhs'in Waah'id. Hal Indaka Ghurfatun Faarigha?

Muwath'afu Al-funduq : Na'am.

Min Su : Kam 'Ujratu Al-ghurfati Fi Al-l'layla?

Muwath'afu Al-funduq : Al-'ujratu Ashratu Dananeera Fi Al-yawm.

Min Su : Hal Fi Al-funduqi Mis'adun?

Muwath'afu Al-funduq : Na'am.

Min Su : H'asanan. 'Ureedu Ghurfatan Leyawmin Waah'id.

Muwath'afu Al-funduq : Tafad'al. Hadha Miftah'u Al-ghurfa. Waraqmuha Mia'a.

٣ إِلَى البَتْرَاءِ Ila Al-batraa’

سَافَرَ مين سو فِي اليَوْمِ الأَوَّلِ إِلَى البَتْرَاءِ. البَتْرَاءُ مَدِينَةٌ وَرْدِيَّةٌ رَائِعَةٌ. كَلِمَةُ البَتْرَاءِ تَعْنِي الصَّخْرَ. بَقِيَ مين سو فِي البَتْرَاءِ يَوْمَيْنِ. رَكِبَ الجَمَلَ وأَكَلَ المَنْسَفَ وَشَاهَدَ الغُرُوبَ السَّاحِرَ. قَالَ المُرْشِدُ السِّيَاحِيُّ إِنَّ لِلبَتْرَاءِ اِسْمًا آخَرَ هُوَ "المَدِينَةُ الوَرْدِيَّةُ". أَحَبَّ مين سو البَتْرَاءَ كَثِيرًا.

Saafara Min Su Fi Al-yawmi Al-awali Ila Al-batraa’. Al-batraa’u Madeenatun Wardeyatun Raa’i’a. Kalimatu Al-batra’ai Ta’ni As-s’akhr. Baqiya Min Su Fi Al-batra’ai Yawmayn. Rakiba Al-jamala Wa’akala Al-mansafa Washaahada Al-ghurouba As-s’sah’ir. Qaala Al-murshidu As-s’seyah’eyu Iin’na Lilbatra’ai Isman Aakhara Huwa ‘Almadeenatu Al-wardeyatu’. ‘Ah’ab’ba Min Su Al-batra’aa Katheeran.

해석 التَّرْجَمَةُ

1 공항에서

공항 직원	안녕하세요. 잘 도착했습니까?
민수	네, 감사합니다.
공항 직원	국적이 뭡니까?
민수	저는 한국 사람입니다.
공항 직원	요르단에 온 이유가 무엇입니까?
민수	관광하러 왔습니다.
공항 직원	나이가 어떻게 되십니까?
민수	20살이고 학생입니다.
공항 직원	여권을 주시겠습니까?
민수	네, 여기 있습니다.
공항 직원	감사합니다. 요르단에서 좋은 시간 보내세요.

2 호텔에서

민수	안녕하세요.
호텔 직원	안녕하세요. 어떻게 오셨습니까?
민수	1인실이 하나 필요합니다. 빈 방 있습니까?
호텔 직원	네, 있습니다.
민수	하룻밤에 얼마입니까?
호텔 직원	하루에 10 디나르입니다.
민수	호텔에 엘리베이터가 있습니까?
호텔 직원	네, 있습니다.
민수	하루만 쓸 수 있는 방을 주세요.
호텔 직원	여기 키 받으세요. 방 번호는 100입니다.

3 페트라로

민수 씨는 첫째 날에 페트라에 갔습니다. 페트라는 멋진 장미의 도시입니다. 페트라라는 단어는 바위라는 뜻입니다. 민수 씨는 페트라에서 이틀 동안 머물렀습니다. 낙타도 타고 만사프도 먹고 매력적인 일몰도 봤습니다. 관광 가이드가 페트라는 '로즈 시티'라는 다른 이름도 있다고 했습니다. 민수 씨는 페트라를 정말 좋아했습니다.

새 단 어 كَلِمَاتُ الدَّرْسِ

첫째 날	alyawmu al-'awalu	اليَوْمُ الأَوَّلُ
단어	kalimatun	كَلِمَةٌ
뜻하다	ta'nee	تَعْنِي
머물다(완료형)	baqiya	بَقِيَ
낙타	aljamalu	الجَمَلُ
일몰	alghuroubu	الغُرُوبُ
관광의	als'seyah'eyu	السِّيَاحِيُّ
키	miftaah'un	مِفْتَاحٌ
받으세요	tafadd'al	تَفَضَّلْ
페트라	albatraa'u	البَتْرَاءُ
갔다	dhahaba	ذَهَبَ
탔다	rakiba	رَكِبَ
봤다	shaahada	شَاهَدَ
가이드	almurshidu	المُرْشِدُ
하룻밤	all'laylatu	اللَّيْلَةُ
방	ghurfatun	غُرْفَةٌ

كَلِمَاتُ الدَّرْس 새 단 어

빈	faarighatun	فَارِغَةٌ
요금	ʻujratun	أُجْرَةٌ
엘리베이터	mis'adun	مِصْعَدٌ
이틀	yawmaani	يَوْمَانِ
만사프(요르단 전통음식)	almansafu	المَنْسَفُ
말했다	qaala	قَالَ
여행했다	saafara	سَافَرَ
여행	as-s'safaru	السَّفَرُ
호텔 직원	muwath'afu al-funduqi	مُوَظَّفُ الفُنْدُقِ
호텔	alfunduqu	الفُنْدُقُ
어떻게 오셨습니까?	maa t'alabuka?	مَا طَلَبُكَ؟
바위	as-s'akhru	الصَخْرُ
(그는) 먹었다	ʻakala	أَكَلَ
매력적인	als'saah'iru	السَّاحِرُ
다른	ʻaakharu	آخَرُ

어휘 المُفْرَدَات

01 여행 및 관광 السَّفَرُ والسِّيَاحَةُ

여행과 관련된 표현을 알아봅시다.

보 기

- الحَمْدُ لِلّٰهِ عَلَى سَلَامَتِكَ. / Alh'amdu Lillahi 'Alaa Salamatika. / 잘 도착해서 다행입니다.
- أَهْلًا وَسَهْلًا. / 'Ahlan Wasahlan. / 환영합니다.
- وَقْتًا جَمِيلًا فِي الأُرْدُن. / 요르단에서 좋은 시간 보내시기 바랍니다.
  / Waqtan Jameelan Fi Al-aurdun /
- كَيْفَ أَذْهَبُ إِلَى~؟ / Kayfa 'Adhhabu Ila? / ~에 어떻게 갑니까?

여행과 관련된 어휘를 알아봅시다 .

أَمْتِعَةٌ 'Amti'atun	صَرْفٌ S'arfun	مَطَارٌ Mat'aarun
짐	환전	공항
تَذْكَرَةٌ Tadhkaratun	حَجْزٌ H'ajzun	دَلِيلٌ سِيَاحِيٌّ Daleelun Siyaah'iyun
티켓	예약	관광 안내책
فُنْدُقٌ Funduqun	طَائِرَةٌ T'aa'iratun	مَعَالِمُ سِيَاحِيَةٌ Ma'aalimu Siyaah'iyatun
호텔	비행기	관광지

01 명사의 쌍수형 الْمُثَنَّى

아랍어에는 동사, 명사, 형용사의 쌍수형이 있습니다. 여기서는 명사의 쌍수형을 배우도록 하겠습니다.

명사에 접미사를 붙여 쌍수형을 나타낼 수 있습니다.

- 주격일 경우 : ـَانِ
- 목적격, 소유격일 경우 : ـَيْنِ

명사가 여성형일 때 ة 를 ت 로 바꿔 쌍수형 접미사를 연결합니다.

보 기

소유격 / 목적격 쌍수	주격 쌍수	단수	의미
T'aalibatayni طَالِبَتَيْنِ	T'aaalibtaani طَالِبَتَانِ	T'aalibatun طَالِبَةٌ	여학생
Waladayni وَلَدَيْنِ	Waladaani وَلَدَانِ	Waladaun وَلَدٌ	소년
Haatifayni هَاتِفَيْنِ	Haatifaani هَاتِفَانِ	Haatifun هَاتِفٌ	핸드폰
Qalamayni قَلَمَيْنِ	Qalamaani قَلَمَانِ	Qalamun قَلَمٌ	펜
Yadayni يَدَيْنِ	Yadaani يَدَانِ	Yadun يَدٌ	손

명사가 쌍수이면 이를 수식하는 형용사도 쌍수가 됩니다.

1 قَلَمَانِ كَبِيرَانِ. / Qalamaani Kabeeraan. / 큰 펜 두 개

2 فَتَاتَانِ جَمِيلَتَانِ. / Fatataani Jameelataan. / 예쁜 젊은 여자 두 명

3 هَاتِفَيْنِ صَغِيرَيْنِ. / Hatifayni S'agheerayni. / 작은 핸드폰 두 개

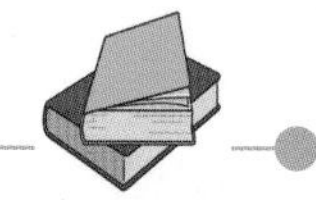

02 동사 '여행하다'의 완료형 변화 "سَافَرَ" فِعْلُ

سَافَرَتْ Saafarat	سَافَرَ Saafara	سَافَرْتِ Saafarti	سَافَرْتَ Saafarta	سَافَرْتُ Saafartu
그(여)	그(남)	너(여)	너(남)	나

보 기

1 مَنَار : هَلْ سَافَرْتَ إِلَى دَوْلَةٍ عَرَبِيَّةٍ؟ 당신은 아랍 나라에서 여행했어요?

/ Hal Saafarta Ila Dawlatin Arabiyatin? /

مُحَمَّد : نَعَم، سَافَرْتُ إِلَى الأُرْدُنِ. 네, 저는 요르단에서 여행했어요.

/ Na'am, Saafartu Ila Al-aurdun. /

2 سَافَرَتْ جَمِيلَةَ إِلَى كُورْيَا. 자밀라가 한국에서 여행했어요.

/ Safarat Jameelaa Ila Kourya. /

3 سَافَرَ أَبِي إِلَى الصِّينِ. 어버지가 중국에서 여행했어요.

/ Saafara 'Abi Ila As-s'eeni. /

4 يَا جَمِيلَة، هَلْ سَافَرْتِ إِلَى دُبَيّ؟ 자밀라씨, 두바이에서 여행했어요?

/ Ya Jameela, Hal Saafarti Ila Dubai? /

التَّدْرِيبَاتُ 연습문제

1 <보기>의 단어를 이용해 문장을 완성해 보세요.

<보기>
كِتَابَان　سَافَرَ
سَافَرْتِ　أَهْلًا وَسَهْلًا

1 عِنْدِي ________.

2 هَلْ ______ إِلَى الأُرْدُنِّ يَا مَنَار ؟

3 مُوَظَّفُ المَطَارِ: ________.
بَاك: شُكْرًا.

2 다음 명사를 쌍수형으로 바꿔 보세요.

طَالِبٌ :	بَابٌ :
تُفَاحَةٌ :	شَجَرَةٌ :

3 다음 대화를 동사 "여행하다"의 변화로 완성하세요.

- مَنَار: هَلْ ________ إِلَى كُورِيَا يَا مُحَمَّد؟ (سَافَرَ)
- مُحَمَّد: نَعَمْ. ________ إِلَى كُورِيَا مَرَّة.
- مَنَار: وَهَلْ ________ أُخْتُكَ إِلَى كُورِيَا ؟
  مُحَمَّد: نَعَمْ.

التَّدْرِيبَاتُ 연습문제

4 다음 형용사와 명사를 쌍수형으로 바꿔 보세요.

1 بَيْتٌ جَمِيلٌ : ________________.

2 كِتَابٌ قَدِيمٌ : ________________.

3 مَكْتَبَةٌ كَبِيرَةٌ : ________________.

4 تُفَاحَةٌ صَغِيرَةٌ : ________________.

5 단어를 듣고 받아쓰세요. Track 74

1 ________________.

2 ________________.

3 ________________.

4 ________________.

아랍어 쓰기 연습 11

※ 다음 단어를 빈칸에 써 보세요.

				الْمَطَارُ	**الْمَطَارُ** 공항
				الْمَطَارُ	
				الْفُنْدُقُ	**الْفُنْدُقُ** 호텔
				الْفُنْدُقُ	
				الْبَتْرَاءُ	**الْبَتْرَاءُ** 페트라
				الْبَتْرَاءُ	
				قَلَمَانِ	**قَلَمَانِ** 펜 두 개
				قَلَمَانِ	
				سَافَرَ	**سَافَرَ** 여행하다 (완료형)
				سَافَرَ	

문화 11

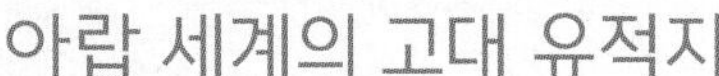

아랍 세계의 고대 유적지

아랍 세계의 유적지와 관광 자원

예루살렘은 이슬람의 성지이기도 합니다. 예루살렘에 위치한 '바위의 돔'은 우마이야 왕조의 칼리프였던 아브드 알-말리크가 지은 것입니다. 예언자 모하메드가 말의 형상을 한 동물 부라크의 등에 올라 대천사 가브리엘과 함께 승천했다고 전해지는 바위를 에워싼 신전이며, 이슬람 건물 중 가장 오래된 건물입니다.

또한, 성전산 남쪽에 위치하고 있는 은색 둥근 지붕의 알악사 사원도 있습니다. 비잔틴 시대의 교회를 사원으로 개조해서 만든 알악사 사원은 수 세기 동안 지진과 같은 자연재해로 인해 훼손되어 여러 차례 복원되었습니다. 현재의 건물은 1066년에 준공되었으며 사원 내부는 7개의 홀로 되어 있고 스테인드글래스와 타일로 아름답게 꾸며져 있습니다.

메소포타미아 문명의 발상지인 이라크에는 지구라트와 같은 유적지가 현존하며 시리아에는 제노비아 여왕이 건설한 제국의 자취를 보여주는 유적들이 있습니다. 또한, 요르단에는 붉은색의 고대 도시인 페트라가 있습니다. 이는 바위를 깎아 암벽에 세워진 도시입니다. 영화 '인디아나존스 최후의 성전'에서는 오지의 성전으로 등장하기도 합니다.

▲ 바위의 돔

▲ 이라크에 위치한 복원된 지구라트

12 이 셔츠는 큽니다.

هَذَا القَمِيصُ كَبِيرٌ

학습목표 الأَهْدَافُ

- الأَلْوَانُ 색깔
- المَلَابِسُ 의류
- "يُوجَدُ و لَا يُوجَدُ" '있다 / 없다'
- فِعْلُ "يُعْجِبُ" '~이 마음에 들다'
- اِسْمُ التَّفْضِيلِ 비교급

회화 المُحَادَثَةُ

١ هَذَا القَمِيصُ كَبِيرٌ Haadha Al-qamees'u Kabeerun

Track 75

أَحْمَد : لَوْ سَمَحْتَ. هَذَا القَمِيصُ كَبِيرٌ. هَل عِنْدَكَ مَقَاسٌ أَصْغَر؟

البَائِعُ : نَعَمْ عِنْدِي. مَا اللَّونُ؟

أَحْمَد : أَزْرَقٌ لَوْ سَمَحْتَ.

البَائِعُ : لَا يُوجَدُ أَزْرَقٌ. فَقَطْ أَبْيَضُ.

أَحْمَد : حَسَنًا. وَكَمْ سِعْرُهُ؟

البَائِعُ : خَمْسَةُ دَنَانِيرَ.

'Ah'mad : Law Samah't. Haadha Al-qamees'u Kabeer.
Hal Indaka Maqaasun 'As'ghar?

Alba'i'u : Na'am Indee. Ma All-lawnu?

'Ah'mad : Azraqun Law Samah'ta.

Alba'i'u : La Youjadu Azraq. Faqat' Abyad'.

'Ah'mad : H'asanan. Wakam Si'ruhu?

Alba'i'u : Khamsatu Dananeera.

المُحَادَثَةُ 회화

٢ مَا رَأْيُكِ بِهَذِهِ التَّنُّورَةِ؟ Ma Ra'ayuki Bihaadhihi At-t'tanourati?

مَنَار : كَيْفَ هَذِهِ التَّنُّورَةُ يَا سو يون؟

سو يون : جَمِيلَةٌ جِدًّا. لَكِنَّهَا قَصِيرَةٌ قَلِيلًا.

مَنَار : وَكَيْفَ هَذَا الفُسْتَانُ؟

سو يون : هَذَا الفُسْتَانُ الأَحْمَرُ رَائِعٌ.

مَنَار : وَمَا رَأْيُكِ بِهَذَا البِنطَالِ الأَسْوَدِ؟

سو يون : هَذَا البِنْطَالُ الأَسْوَدُ لا يُنَاسِبُكِ.

Manar : Kayfa Haadhihi At-t'tanouratu Ya Su Yon?

Su Yon : Jameelatun Jid'dan. Laakin'naha Qas'eeratun Qaleelan.

Manar : Wakayfa Haadha Al-fustaan?

Su Yon : Haadha Al-fustaanu Al-'ah'maru Raa'i'un.

Manar : Wama R'ayuki Bihaa'hdha Al-bint'aali Al-'aswad?

Su Yon : Haadha Al-bint'aalu Al-'aswadu La Yunaasibuki.

회화 المُحَادَثَةُ

٣ هَلْ عِنْدَكَ حِذَاءٌ بِكَعْبٍ؟ Hal Indaka H'idhaa'un Bika'bin?

جَمِيلة : مَرْحَبًا.

البَائِعُ : أهْلًا وَسَهْلًا. مَا طَلَبُكِ؟

جَمِيلة : هَلْ عِنْدَكَ حِذَاءٌ بِكَعْبٍ؟

البَائِعُ : نَعَمْ . مَا رَأْيُكِ بِهَذَا؟

جَمِيلة : لَا هَذَا عَالِي الكَعْبِ.

البَائِعُ : وَهَذَا؟

جَمِيلة : هَذَا جَيِّدٌ. هَلْ يُوجَدُ أَبْيَضٌ؟

البَائِعُ : نَعَمْ. يُوجَدُ.

Jameela : Marh'aban.
Alba'i'u : Ahlan Wasahlan. Maa T'alabuki?
Jameela : Hal Indaka H'idhaa'un Bika'bin?
Alba'i'u : Na'am . Maa R'ayuki Bihaadha?
Jameela : La Haadha 'Aaali Al-ka'b.
Alba'i'u : Wahaadha?
Jameela : Haadha Jay'yid. Hal Youjadu Abyad'?
Alba'i'u : Na'am.Youjad.

해석 التَّرْجَمَةُ

1 이 셔츠는 큽니다.

아흐마드	실례지만 이 셔츠는 큽니다. 조금 더 작은 사이즈 있나요?
판매자	네, 있습니다. 색깔은요?
아흐마드	파란색으로 주세요.
판매자	파란색이 없네요. 흰색만 있어요.
아흐마드	좋아요. 가격은 어떻게 되나요?
판매자	5 디나르예요.

2 이 치마는 어때요?

마나르	수연 씨, 이 치마는 어때요?
수연	아주 예쁘지만, 좀 짧네요.
마나르	이 드레스는요?
수연	이 빨간 드레스가 너무 멋있어요.
마나르	이 검은 바지는 어때요?
수연	이 검은 바지는 마나르 씨에게 어울리지 않아요.

3 하이힐 구두 있어요?

자밀라	안녕하세요.
판매자	어서 오세요. 무엇을 도와드릴까요?
자밀라	하이힐 있어요?
판매자	네, 있어요. 이것은 어때요?
자밀라	아니요, 이것은 너무 높아요.
판매자	이것은요?
자밀라	이것은 좋아요. 흰색도 있나요?
판매자	네, 있어요.

새 단 어 كَلِمَاتُ الدَّرْسِ

구두, 신발	h'idhaa'un	حِذَاءٌ
색깔	al-ll'awnu	اللَّوْنُ
하이힐	h'idhaa'un bika'bin	حِذَاءٌ بِكَعْبٍ
높은	'aalee	عَالِي
파란색	'azraqu	أَزْرَقُ
흰색	'abyad'u	أَبْيَضُ
너(여성)의 생각은 어때?	ma ra'ayuki?	مَا رَأْيُكِ؟
짧은(여성형)	qas'eeratun	قَصِيرَةٌ
드레스	alfustanu	الفُسْتَانُ
사이즈	almaqaasu	المَقَاسُ
셔츠	al-qamees'u	القَمِيصُ
검은색	al'aswadu	الأَسْوَدُ
큰	kabeerun	كَبِيرٌ
너(여)에게 어울리지 않다	la yunaasibuki	لَا يُنَاسِبُكِ
더 작은	'as'gharu	أَصْغَرُ
있다	youjadu	يُوجَدُ
그것의 가격	si'ruhu	سِعْرُهُ
치마	at-'tanouratu	التَّنُّورَةُ
조금	qaleelan	قَلِيلاً
빨간색	al'ah'maru	الأَحْمَرُ
바지	albint'aalu	البِنْطَالُ

01 색깔 الأَلْوَانُ

아랍어 색상도 사물의 성 여부에 따라 여성형 또는 남성형으로 나뉩니다.

뜻	여성	남성	뜻	여성	남성
녹색	خَضْرَاء Khad'raa'a	أَخْضَر 'Akhd'ar	빨간색	حَمْرَاء H'amraa'a	أَحْمَر 'Ah'mar
노란색	صفْرَاء S'afraa'a	أَصْفَر 'As'far	파란색	زَرْقَاء Zarqaa'a	أَزْرَق 'Azraq
검은색	سَوْدَاء Sawdaa'a	أَسْوَد 'Aswad	흰색	بَيْضَاء Bayd'aa'a	أَبْيَض Abyad'
보라색	بَنَفْسَجِيَّة Banafsajeya	بَنَفْسَجِيّ Banafsajey	주황색	بُرْتُقَالِيَّة Burtuqaleya	بُرْتُقَالِيّ Burtuqaley
갈색	بُنِّيَّة Bun'neya	بُنِّيّ Bun'ney	회색	رَمَادِيَّة Ramadeya	رَمَادِيّ 'Ramadey
금색	ذَهَبِيَّة Dhahabeya	ذَهَبِيّ Dhahabey	분홍색	زَهْرِيَّة Zahreya	زَهْرِيّ Zahrey

색상도 앞에 오는 명사와 성을 일치시켜야 합니다.

보 기

- تُفَاحَةٌ حَمْرَاءُ. / Tuffaah'atun H'amraa'u. / 빨간 사과
- قَلَمٌ أَحْمَرُ. / Qalamun 'Ah'maru. / 빨간 펜

어휘 المُفْرَدَات

02 의류 المَلَابِسُ

벨트(남)	حِزَامٌ H'izaamun	셔츠(남)	قَمِيصٌ Qamees'un
신발(남)	حِذَاءٌ H'idhaa'un	바지(남)	بِنْطَالٌ Bint'aalun
가방(여)	حَقِيبَةٌ H'aqeebatun	양말(남, 단수일 때)	جَوْرَبٌ Jawrabun
운동화(남)	حِذَاءٌ رِيَاضِيٌّ H'idhaa'un Reyaad'eyun	모자(여)	قُبَّعَةٌ Qub'ba'atun
옷이 작은, 답답한	ضَيِّقٌ/ ضَيِّقَةٌ D'ay'yiqun / D'ay'yiqatun	안경(여)	نَظَّارَةٌ Nath'aartun
옷이 큰, 넓은	وَاسِعٌ / وَاسِعَةٌ Waasi'un / Waasi'atun	시계(여)	سَاعَةٌ Saa'atun
어울리지 않은	غَيْرُ مُنَاسِبٍ / غَيْرُ مُنَاسِبَةٍ Ghayru Munaasibin / Ghayru Munaasibatin	어울리는	مُنَاسِبٌ / مُنَاسِبَةٌ Munaasibun / Munaasibatun

아랍어는 옷과 관련된 모든 어휘와 쓰이는 동사가 하나입니다. تَلْبِسُ / يَلْبِسُ 라는 동사를 모든 의류와 쓸 수 있습니다.

보 기

- يَلْبِسُ أَحْمَد مِعْطَفًا. / Yalbisu 'Ah'mad Mi't'afan. / 아흐마드가 외투를 입습니다.
- تَلْبِسُ مَنَار سَاعَةً. / Talbisu Manar Sa'atan. / 마나르가 시계를 차고 있습니다.

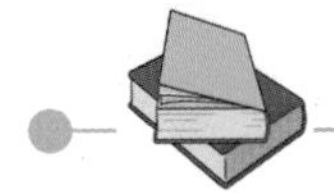

문법 및 표현 القَوَاعِدُ وَالتَّعَابِيرُ

01 '있다 / 없다' يُوجَدُ و لاَ يُوجَدُ

아랍어의 '있다 / 없다'는 한국어와 다른 점이 있습니다. 한국어는 '있다 / 없다'를 형용사로 볼 수 있지만 아랍어는 동사입니다. 아랍어의 '없다'는 '있지 않다' 즉 "'있다' 동사 + 부정"으로만 나올 수 있습니다.

보 기

- يُوجَدُ كِتَابٌ هُنَا. / Youjadu Kitabun Hunaa. / 여기에 책이 있다.
- لاَ يُوجَدُ كِتَابٌ هُنَا. / La Youjadu Kitabun Hunaa. / 여기에 책이 없다.

02 '~이 마음에 들다' فِعْلُ "يُعْجِبُ"

동사 'يُعْجِبُ' 에서는 '주어가 나를 매혹시키다. 맘에 들게 하다'처럼 마음에 드는 대상이 주어가 됩니다. 하지만 대체로 다음 보기처럼 명사뒤에 붙는 접미형 인칭대명사(목적어)를 의미상 주어로 해석합니다. 동사 뒤에 여성형 주어가 오는 경우에는 여성형인 'تُعْجِبُ' 를 사용합니다.

보 기

- يُعْجِبُنِي هَذَا الْقَمِيصُ. / Yu'jibuni Haadha Al-qamees'u. / 이 셔츠가 내 마음에 든다.
- تُعْجِبُنِي هَذِهِ الْجَامِعَةُ. / Tu'jibuni Haadhihi Al-jaami'atu. / 이 대학교가 내 마음에 든다.
- يُعْجِبُهَا هَذَا الْحِذَاءُ. / Yu'jibuha Haadha Al-h'idhaa'u. / 이 구두가 그녀의 마음에 든다.
- تُعْجِبُهُ السَّيَّارَةُ. / Tu'jibuhu As-s'say'yaratu. / 그 자동차가 그의 마음에 든다.
- هَلْ يُعْجِبُكَ هَذَا الْبَيْتُ؟ / Hal Yu'jibuka Haadha Al-baytu? / 이 집이 네(남) 마음에 드니?
- هَلْ تُعْجِبُكَ هَذِهِ الْمَدْرَسَةُ؟ 이 학교가 네 마음에 드니 ? / Hal Tu'jibuka Haadhihi Al-madrasatu? /

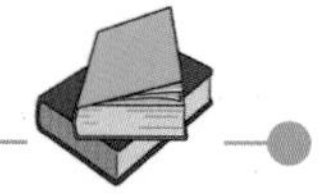

03 비교급 اِسْمُ التَّفْضِيلِ

두 명사의 비교, 즉 'A는 B보다 더 ~하다'라는 표현에서는 성, 수에 관계없이 항상 비한정 상태 남성 단수형의 우선급을 사용합니다. 남성형의 우선급은 أَفْعَلُ /'Af'alu/입니다.

보 기

- مَنَار : أَيُّ مَدِينَةٍ أَكْبَر؟ / 'Ay'yu Madeenatin 'Akbar. / 어느 도시가 더 큽니까?
- مُحَمَّد : الرَّبَاطُ أَكْبَر. / Alr'rabat'u 'Akbar. / 라바트가 더 큽니다.

다음과 같이 형용사로 비교급의 표현을 만들 수 있습니다.

	비교급 표현		형용사
더 큰	أَكْبَرُ 'Akbaru	큰	كَبِيرٌ Kabeerun
더 작은	أَصْغَرُ 'As'gharu	작은	صَغِيرٌ S'agheerun
더 긴	أَطْوَلُ 'At'walu	긴	طَوِيلٌ T'aweelun
더 짧은	أَقْصَرُ 'Aqs'aru	짧은	قَصِيرٌ Qas'eerun
더 예쁜	أَجْمَلُ 'Ajmalu	예쁜	جَمِيلٌ Jameelun

التَّدْرِيبَاتُ 연습문제

1 <보기>의 단어를 이용해 문장을 완성해 보세요.

<보기>
القَمِيصِ حَقِيبَةٌ لا
يُوجَدُ مُنَاسِبٌ أَحْمَرٌ

1 مَا رَأْيُكَ بِهَذَا ____________؟

2 هَلْ يُوجَدُ لَوْنٌ ____________؟

3 لَا؛ ____________.

2 다음 색깔을 써 보세요.(여성형과 남성형을 잘 구별해 보세요).

____

____

____

3 다음 형용사의 비교급 표현을 써 보세요.

1 طَوِيلٌ : ____________.

2 قَصِيرٌ : ____________.

3 عَرِيضٌ : ____________.

4 جَمِيلٌ : ____________.

التَّدْرِيبَاتُ 연습문제

4 다음 문장을 '~이 마음에 들다'라는 동사를 이용해 완성하세요.

A هَلْ ________________ القَمِيصُ؟ (대상이 남자일 때)

B نَعَمْ. ________________

5 다음 단어를 듣고 알맞은 사진에 체크하세요. ....

1

2

3

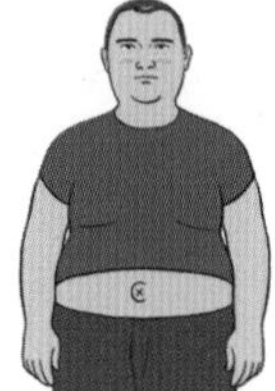

아랍어 쓰기 연습 12

※ 다음 단어를 빈칸에 써 보세요.

قَمِيصٌ
셔츠

				قَمِيصٌ
				قَمِيصٌ

حِذَاءٌ
신발

				حِذَاءٌ
				حِذَاءٌ

أَبْيَضُ
하얀색

				أَبْيَضُ
				أَبْيَضُ

وَاسِعٌ
(옷이) 큰, 넓은

				وَاسِعٌ
				وَاسِعٌ

نَظَّارَةٌ
안경

				نَظَّارَةٌ
				نَظَّارَةٌ

문화 12

아랍인의 전통의상

여성의 의상

나라에 따라 차이가 있지만, 종교적인 이유 때문에 대부분의 아랍 여성은 성인이 되면 머리를 "히잡"으로 가리고 몸매가 드러나지 않는 긴 통치마나 긴 바지를 입습니다. 히잡은 디자인뿐만 아니라 계절에 따라 두께도 다양합니다. 특히, 히잡을 쓰는 아랍 여성들은 결혼식에 참석할 때 아름답고 화려한 히잡을 착용합니다. 히잡을 착용하는 방법은 나라마다 조금씩 차이가 있습니다.

일부 아랍 여성들은 "니깝"을 착용하기도 하는데, 히잡은 머리만 가리는 용도로 쓰이는 반면 니깝은 눈을 제외한 모든 신체부위를 가리는 용도로 쓰입니다. 더 나아가 눈도 가리고 싶다면 눈까지 가릴 수 있는 "키마르"를 착용합니다. 니깝과 키마르는 주로 사우디아리비아, 예멘, 쿠웨이트, 바레인, 오만, 카타르 등지의 여성들이 착용합니다. 이밖에도 나라마다 다양한 전통 여성 의상이 있습니다.

▲ 니깝

▲ 히잡

▲ 아랍 전통 여성 의상

문화 12

남성의 의상

아랍 세계의 남성들은 전통적으로 '사웁'이라고 불리는 긴 통치마를 입고 머리에는 '쿠피야' 라고 불리는 머리 덮개를 씁니다. 쿠피야는 무늬가 없는 흰색이거나 붉은색 혹은 검은색 무늬 형태가 주를 이룹니다. 나라마다 슈마그, 구트라, 쿠피야 등 불리는 명칭도 다양합니다. 여기에 머리덮개를 고정할 목적으로 사용되는 검은 끈이 있는데, 이는 아랍어로 "이깔"이라고 부릅니다.

오늘날 젊은이들은 청바지와 티셔츠를 주로 입지만 아직도 꽤 많은 아랍 남성들이 전통적인 긴 통치마를 입고 쿠피야를 씁니다. 대체로 이러한 전통 의상을 일상생활에서 즐겨 입지는 않지만, 기도를 드리러 사원에 갈 때 착용하는 남성들이 간혹 있습니다. 이와 같이 아랍 국가들의 전통 의상은 각 나라마다 그 나라만의 전통이 더해져 조금씩 다르기도 합니다.

▲ 슈마그를 쓰고 있는 아랍 남성

▲ 아랍 전통 복장의 가족

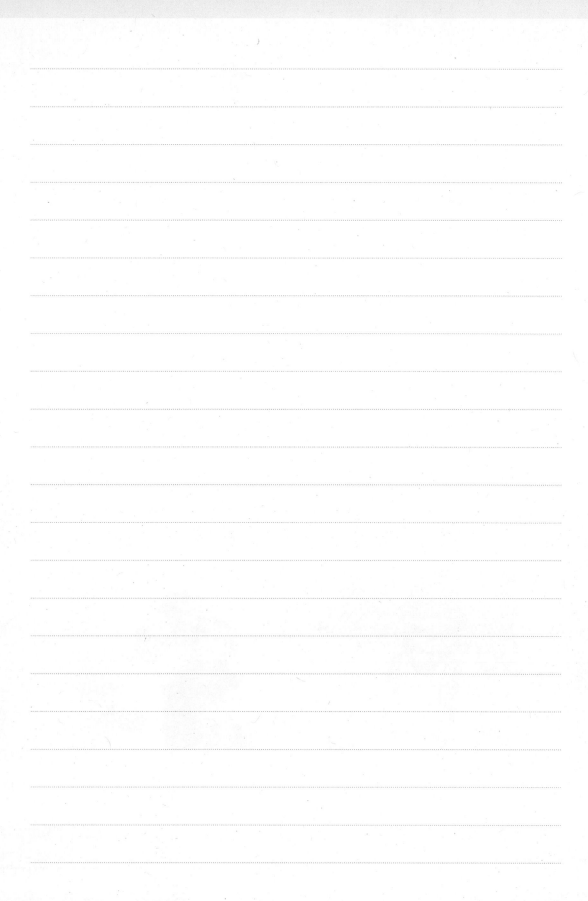

부록 01

연습문제 정답

태양문자 & 월문자 정답

연습문제 정답

제 1과 안녕하세요

1. 아래 명사의 남성형, 여성형을 쓰세요.

여성	남성
عَامِلَةٌ	عَامِلٌ
دَارِسَةٌ	دَارِسٌ
مَاهِرَةٌ	مَاهِرٌ
مُعَلِّمَةٌ	مُعَلِّمٌ

2. 다음 빈칸에 알맞은 대명사를 쓰세요.

- أَنَا
- هُوَ
- نَحْنُ
- هِيَ

3. 마나르의 자기소개를 아랍어로 쓰세요.

السَّلَامُ عَلَيْكُمْ.
اِسْمِي مَنَار.
أَنَا مِنَ الأُرْدُنِّ.
أَدْرُسُ فِي جَامِعَةِ سِيُول.
فُرْصَةٌ سَعِيدَةٌ.
شُكْرًا

4. 다음 대화를 완성해 보세요.

- أَنَا آسِفٌ.
- لَا بَأْسَ.
- شُكْرًا
- عَفْوًا.
- كَيْفَ الحَالُ ؟
- بِخَيْرٍ وَالحَمْدُ لِلّٰهِ.

5. 다음 대화를 듣고 문장을 완성하세요.

1. السَّلَامُ عَلَيْكُمْ.
2. أَنَا مَنَارٌ.
3. فُرْصَةٌ سَعِيدَةٌ.
4. هُوَ طَالِبٌ.
5. أَنْتِ طَالِبَةٌ.

제 2과 가족과 함께

1. <보기>에서 알맞은 단어를 골라 빈칸에 쓰세요.

1. أَبِي
2. أُمِّي
3. طَالِبٌ
4. طَالِبَةٌ

2. <보기> 처럼 소유표현 "나의"를 사용하여 표현을 만들어 보세요.

1. أُمِّي
2. أَخِي
3. طَالِبَتِي

3. 다음 문장을 완성해 보세요.

1. جَدَّتِي
2. عَمِّي
3. هِيَ أُخْتِي وَهِيَ طَالِبَةٌ

4. 마나르 가족 소개를 듣고 문장을 완성하세요.

- السَّلَامُ عَلَيْكُمْ. أَنَا مَنَار. هَذِهِ أُسْرَتِي. هَذَا أَبِي. وَهَذِهِ أُمِّي. هَذَا أَخِي مُحَمَّد. وَهَذِهِ أُخْتِي سَلْمَى.

제 3과 학교에서

1. 그림과 일치하는 단어를 골라 연결해 보세요.

قَلَمٌ
دَفْتَرٌ
كِتَابٌ
مَكْتَبٌ

2. <보기>를 참고하여 문장을 완성해 보세요.

1. هَلْ
2. مَا
3. هَذَا

3. 다음 표를 완성해 보세요.

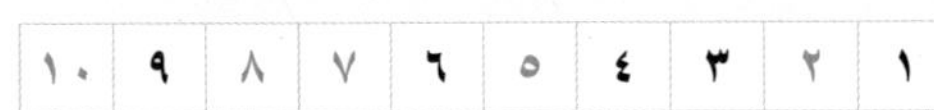

١٠	٩	٨	٧	٦	٥	٤	٣	٢	١

4. 다음 그림을 보고 각각의 개수를 아랍어로 써 보세요.

١٢
٧
١٩
٥

5. 숫자를 듣고 아랍어로 써 보세요.

1. ٥
2. ١٠
3. ٢٥
4. ١٠٠
5. ٩٩

제 4과 배가 고파요

1. <보기>의 단어를 이용해 문장을 완성해 보세요.

1. بِكَمْ
2. دَنَانِيرَ
3. يُرِيدُ

2. <보기>와 같이 '~을 원하다'라는 동사를 써서 다음 대화를 완성해 보세요.

1. تُرِيدِينَ
2. نُرِيدُ

3. 다음 그림에 맞게 가격을 묻고 답해 보세요.

بِأَرْبَعَةِ دَنَانِيرَ
بِكَمْ
بِسَبْعَةِ دَنَانِيرَ

4. <보기>의 의문사를 이용해 의문문을 만들어 보세요.

1. مَا
2. مَاذَا
3. هَلْ

5. 다음 대화를 듣고 알맞은 가격을 써 보세요.

1. بِسِتَّةِ
2. بِعَشْرَةِ

연습문제 정답

제 5과 지금 몇 시입니까?

1. <보기>의 단어를 이용해 문장을 완성해 보세요.

    1. مَايُو
    2. الجُمْعَة
    3. الخَامِسَةُ وَالنِّصْفُ

2. 다음 각 그림이 나타내는 시간을 써 보세요.

    - السَّاعَةُ الثَّالِثَةُ إِلَّا رُبْع
    - السَّاعَةُ الثَّامِنَةُ والرُّبْع
    - السَّاعَةُ العَاشِرَةُ إلا عَشْرَة

3. 날짜를 아랍어로 써 보세요.

    - ٢٨ يُولْيُو سَنَة ٢٠١٤
    - ١٧ دِيسمبر سَنَة ١٩٩٩
    - ٣٠ يِنَايِرْ سَنَة ٢٠٠٩

4. 다음 대화를 듣고 문장을 완성하세요.

    1. الوَاحِدَة.
    2. الخَامِسَةُ وَالنِّصْفُ.
    3. الأَرْبِعَاء.
    4. ١١ أَبْرِيلْ ٢٠١٤

5. 다음 단수형 단어들을 복수형으로 바꿔 보세요.(남성 복수형과 여성 복수형을 잘 구분해 보세요)

    1. مُعَلِّمُونَ
    2. مُعَلِّمَاتٌ
    3. كَاتِبَاتٌ
    4. مُوَظَّفَاتٌ

제 6과 어디에서 왔습니까?

1. <보기>의 단어를 이용해 문장을 완성해 보세요.

    1. أَيْنَ
    2. عَرَبِيٌّ
    3. الجَوُّ

2. 다음 형용사들을 반대가 되는 말과 연결해 보세요.

غَائِمٌ	صَحْوٌ
رَطِبٌ	جَافٌّ
بَارِدٌ	حَارٌّ

3. 옆 친구와 말해 보세요.

    - الجَوُّ اليَومَ بَارِدٌ
    - الجَوُّ غَدًا مُشْمِسٌ
    - كَيْفَ الجَوُّ غَدًا
    - أَنَا كُورِيٌّ وَأَنْتَ؟

4. 마나르와 민수 대화를 듣고 질문에 답하세요.

(대화)

مَنَار : مَرْحَبًا

مِين سُو : أَهْلاً

مَنَار : مِنْ أَيْنَ أَنْتَ؟

مِين سُو : أَنَا مِنْ كُورِيَا. وَأَنْتِ؟

مَنَار : أَنَا مِنَ الأُرْدُن. كَيْفَ الجَوُّ فِي كُورِيَا الآنَ؟

مِين سُو : الجَوُّ في كُورِيَا حَارٌّ. وكَيْفَ الجَوُّ فِي الأُرْدُن الآنَ؟

مَنَار : الجَوُّ فِي الأُرْدُن جَافٌّ.

(질문 대답)

1. مِين سو مِنْ كُورِيَا.
2. الجَوُّ فِي كُورِيَا حَارٌّ.
3. الجَوُّ فِي الأُرْدُن جَافٌّ.

5. 다음 명사와 형용사를 보고 관사를 붙여서 문장을 만들어 보세요. (명사 및 형용사에 관사를 붙여보세요.)

1. المُدِيرُ الجَدِيدُ
2. القَلَمُ الجَمِيلُ
3. البَابُ الكَبِيرُ
4. الكِتَابُ الجَدِيدُ

제 7과 취미가 뭐예요?

1. <보기>의 단어를 이용해 문장을 완성해 보세요.

1. مَشْغُولَةٌ
2. جَدِيدٌ
3. تَعْبَانٌ
4. جَمِيلَةٌ

2. 주어진 형용사를 이용해 보기와 같이 문장을 완성해 보세요.

- وَسِيمٌ
- تَعْبَانَةٌ
- كَبِيرٌ
- طَوِيلٌ

طَوِيلًا

3. 주어진 동사를 알맞게 활용하여 문장을 완성해 보세요.

- تُحِبُّ
- أُحِبُّ
- نَذْهَبُ
- تَذهَبِينَ

4. 다음 문장을 아랍어로 써 보세요.

1. أَنَا مَشْغُولٌ.
2. مَنَار تَعْبَانَةٌ.
3. أَحْمَدْ يُحِبُّ كُرَةَ القَدَمِ.

5. 오디오를 듣고 들리는 단어에 체크해 보세요.

1. مَشْغُولَةٌ
2. جَدِيدٌ
3. طَوِيلٌ
4. لَيْسَا
5. يَذْهَبُ

제 8과 병원에서

1. <보기>의 단어를 이용해 문장을 완성해 보세요.

1. رَأسِي
2. المُسْتَشْفَى
3. يَدُكَ

2. 빈칸에 알맞은 단어를 넣어 문장을 완성해 보세요.

- مَا
- أَلَمٌ، بَطْنِي
- جَزِيلاً
- سَلَامَتَكَ

연습문제 정답

3. 다음 명사를 보기와 같이 접미형 인칭대명사를 이용해 바꿔 보세요.

1. يَدُهُ
2. رَأْسُهَا
3. بَطْنُكَ

4. 다음 신체부의의 성을 확인하고 <보기>에 있는 동사로 문장을 완성해 보세요.

1. تُؤْلِمُنِي
2. يُؤْلِمُنِي
3. تُؤْلِمُنِي

5. 다음 단어를 듣고 알맞은 그림을 체크해 보세요.

1. عَيْنٌ (A)
2. أُذُنٌ (B)
3. رَأْسِي يُؤْلِمُنِي (D)

제 9과 은행이 어디에 있습니까?

1. <보기>의 단어를 이용해 문장을 완성해 보세요.

1. بِجَانِبِ
2. بِالسَّيَارَةِ
3. فَوْقَ
4. أَيْنَ

2. 다음 그림을 보고 <보기>에서 알맞은 단어를 골라 쓰세요.

- أَمَامَ
- بِجَانِبِ
- فَوْقَ

3. 괄호 안의 단어를 이용해 보기와 같이 써 보세요.

- لَا. هَذَا البَاصُ ذَاهِبٌ إِلى المَكْتَبَةِ.
- لَا. هَذَا البَاصُ ذَاهِبٌ إِلى المَطَارِ.

4. 다음 질문을 알맞은 의문사를 이용해 완성하세요.

1. كَيْفَ
2. أَيْنَ
3. كَيْفَ

5. 다음 대화를 듣고 알맞은 사진에 체크하세요.

(대화)

1. مَنَار : أَيْنَ مُحَمَّد؟
جَمِيلَة : أَمَامَ المَدْرَسَةِ.

2. مَنَار : أَيْنَ البَنْك؟
مُحَمَّد : بِجَانِبِ المَدْرَسَةِ.

3. مَنَار : أَيْنَ الكِتَاب؟
مُحَمَّد : الكِتَابُ عَلَى المَكْتَبِ.

(질문 대답)

1. <무함마드가 학교 앞> 사진
2. <은행이 학교 옆> 사진
3. <책이 책상 위> 사진

제 10과 저희 아버지는 회사원 입니다

1. <보기>의 단어를 이용해 문장을 완성해 보세요.

   1. مُمَرِّضَةٌ
   2. فِي
   3. الخَامِسُ

2. 다음 그림에 해당하는 직업을 <보기>에서 골라 문장을 완성해 보세요.

طَبِيبٌ	مُحَامِي	مُهَنْدِسٌ

3. 다음 보기에 있는 전치사를 이용해 문장을 완성해 보세요.

   1. فِي
   2. عَلَى
   3. إِلَى

4. 다음 <보기>의 단어를 골라 연결형을 만들어 보세요.

   1. مَكْتَبُ المُعَلِّمِ
   2. بَيْتُ مَنَار
   3. حَقِيبَةُ الطَّالِب

5. 다음을 듣고 알맞은 사진을 선택하세요.

(녹음)
1. مُحَمَّد طَبِيبٌ
2. مَنَار طَالِبَةٌ
3. الطَّابِقُ الخَامِسُ

(질문 대답)

1. <의사>사진
2. <학생>사진
3. <5층> 사진

제 11과 요르단 여행

1. <보기>의 단어를 이용해 문장을 완성해 보세요.

   1. كِتَابَانِ
   2. سَافَرْتِ
   3. أَهْلاً وَسَهْلاً

2. 다음 명사를 쌍수형으로 바꿔 보세요.

- طَالِبَانِ
- بَابَانِ
- تُفَّاحَتَانِ
- شَجَرَتَانِ

3. 다음 대화를 동사 "여행하다"의 변화로 완성하세요.

- سَافَرْتَ
- سَافَرْتُ
- سَافَرَتْ

4. 다음 형용사와 명사를 쌍수형으로 바꿔 보세요.

연습문제 정답

1. بَيْتَانِ جَمِيلَانِ
2. كِتَابَانِ قَدِيمَانِ
3. مَكْتَبَتَانِ كَبِيرَتَانِ
4. تُفَاحَتَانِ صَغِيرَتَانِ

5. 단어를 듣고 받아쓰세요.

1. كُورِيَا
2. سَافَرَ
3. كِتَابَانِ
4. قَلَمَيْنِ

제 12과 이 셔츠는 큽니다

1. <보기>의 단어를 이용해 문장을 완성해 보세요.

- القَمِيص
- أَحْمَرُ
- لا يُوجَدُ

2. 다음 색깔을 써 보세요 (여성형과 남성형을 잘 구별해 보세요).

حَقِيبَةٌ حَمْرَاءُ
كِتَابٌ أَزْرَقٌ
قَمِيصٌ أَسْوَدٌ

3. 다음 형용사의 비교급 표현을 써 보세요.

1. أَطْوَلُ
2. أَقْصَرُ
3. أَعْرَضُ
4. أَجْمَلُ

4. 다음 문장을 '~이 마음에 들다'라는 동사를 이용해 완성하세요.

1. يُعْجِبُكَ
2. يُعْجِبُنِي

5. 다음 단어를 듣고 알맞은 사진에 체크하세요.

(녹음)

1. أَحْمَرْ
2. حَقِيبَةٌ
3. وَاسِعٌ

(질문 대답)

1. <빨간색>

2. <가방>

3. <옷이 크다>

태양문자 & 월문자 정답

1. أَ + رْ + ضٌ = **أَرْضٌ**

2. بَ + ا + بٌ = **بَابٌ**

3. تَ + مْ + رٌ = **تَمْرٌ**

4. ثَ + عْ + لَ + بٌ = **ثَعْلَبٌ**

5. جَ + مَ + لٌ = **جَمَلٌ**

6. حِ + مَ + ا + رٌ = **حِمَارٌ**

7. خَ + رِ + ي + طَ + ةٌ = **خَرِيطَةٌ**

8. دَ + جَ + ا + جٌ = **دَجَاجَةٌ**

9. ذَ + هَ + بٌ = **ذَهَبٌ**

10. رَ+جُ + لٌ = **رَجُلٌ**

11. زُ + جَ + ا + جَ + ةٌ = **زُجَاجَةٌ**

12. سَ + ا + عَ + ةٌ = **سَاعَةٌ**

13. شُ + بَّ + ا + كٌ = **شُبَّاكٌ**

14. صَ + قْ + رٌ = **صَقْرٌ**

15. ضَ + ا + بِ + طٌ = **ضَابِطٌ**

16. طِ + فْ + لٌ = **طِفْلٌ**

17. ظَ + رْ + فٌ = **ظَرْفٌ**

18. عَ + يْ + نٌ = **عَيْنٌ**

19. غُ + يُ + و + مٌ = **غُيُومٌ**

20. فِ + ي + لٌ = **فِيلٌ**

21. قَ + لْ + بٌ = **قَلْبٌ**

22. كِ + تَ + ا +بٌ = **كِتَابٌ**

23. لُ + عْ + بَ + ةٌ = **لُعْبَةٌ**

24. مِ + فْ + تَ + ا + حٌ = **مِفْتَاحٌ**

25. نَ + ا + رٌ = **نَارٌ**

26. هَ + ا + تِ + فٌ = **هَاتِفٌ**

27. وَ + رْ + دَ + ةٌ = **وَرْدَةٌ**

28. يَ + دٌ = **يَدٌ**

부록 02

단어집

단어집

أ

آخَر	다른
آسِف / آسِفَة	미안해요(남성, 여성)
أَب	아버지
أَبْرِيل	4월
أَبْيَض	흰색
بَيْضَاء	흰색(여성)
أَجَانِب	외국인(복수형)
أُجْرَة	요금
أَحَبَّ	좋아하다(완료형, 3인칭, 남)
أُحِبُّ	좋아하다(미완료형, 1인칭)
أَحْمَر / حَمْرَاء	빨간색(납성, 여성)
أَحْيَانًا	가끔
أَخٌ	오빠, 남동생, 형
أُخْت	언니, 여동생, 누나
أَخْضَر / خَضْرَاء	녹색(남성, 여성)
أُذُن	귀
أَذْهَبُ	가다(미완료형, 1인칭)
أَرْبَعَة	4
أُرْدُنِّي	요르단의, 요르단 사람
أُرِيدُ	원하다(미완료형, 1인칭)
أَزْرَق	파란색
أَزْرَق / زَرْقَاء	파란색(남성, 여성)
أُسْتَاذ	교수(남)
أُسْتَاذَة	교수(여)
أُسْرَة	가족
أَسْوَد / سَوْدَاء	검은색(남, 여)
أَصْغَر	더 작다
أَصْفَر / صَفْرَاء	노란색(남, 여)
أَغُسْطُس	8월
أُكْتُوبَر	10월
أَكَلَ	먹다(완료형, 3인칭, 남)
أَلَم	통증
أُمٌّ	어머니
أَمَامَ	앞
أَنَا	나
أَنْتَ	너(남)
أَنْتِ	너(여)
أَنْتُمْ	너희들
أَنْتُمَا	너(두 명)
أَنْتُنَّ	너희들(여)
أَهْلًا بِكَ	반갑다
أَهْلاً وَسَهْلاً	어서오세요
أَيْضًا	~도
أَيْنَ	어디
إِلَّا ثُلُث	40분
إِلَّا خَمْسَة	55분
إِلَّا رُبْع	45분
إِلَّا عَشَرَة	50분
إِلَى	~에, ~로
اِثْنَان	두 개
اِسْم	이름

الآنَ	지금
الأَحَد	일요일
الأَحْمَر	그 빨간
الأَرْبِعَاء	수요일
الأُرْدُن	요르단
الأَسْوَد	그 검은
الأَفْلَام	영화(복수형)
الأَوَّل	첫 번째
الاِثْنَيْن	월요일
الاِمْتِحَان	시험
البَاص	버스
البَتْرَاء	페트라
البَرِيد	우체국
البِنْطَال	바지
البَنْك	은행
التَّاسِع	아홉 번째
التَّاسِعَة	아홉 번째(여)
التُّفَاح	사과
التَّنُّورَة	치마
الثَّالِث	세 번째
الثَّالِثَة	세 번째(여)
الثَّامِن	여덟 번째
الثَّامِنَة	여덟 번째(여)
الثَّانِي	두 번째
الثَّانِيَة	두 번째(여)
الثَّانِيَة عَشَرَة	12시

الثُّلَاثَاء	화요일
الجَامِعَة	대학교
الجَزَائِر	알제리
الجُمْعَة	금요일
الجَمَل	낙타
الجِهَة الأُخْرَى	반대편
الجَو	날씨
الحَادِيَة عَشَرَة	11시
الحَال	상태, 상황
الحُكُومَة	정부
الخَامِس	다섯 번째
الخَامِسَة	다섯 번째(여)
الخَرِيف	가을
الخَمِيس	목요일
الدَّجَاج	닭 / 닭고기
الدَّرَّاجَة	자전거
الدَّوَاء	약
الرَّابِع	네 번째
الرَّابِعَة	네 번째(여)
الرَّبِيع	봄
الرَّسْم	그림 그리기
الرِّيَاضَة	운동
السَّابِع	일곱 번째
السَّابِعَة	일곱 번째(여)
السَّاحِر	매력적인
السَّادِس	여섯 번째

단어집

السَّادِسَة	여섯 번째(여)
السَّاعَة	시간, 시계
السِّبَاحَة	수영
السَّبْت	토요일
السِّعْر	가격
السُّعُودِيَّة	사우디 아라비아
السِّفَارَة	대사관
السَّفَر	여행
السَّفِينَة	배
السَّلَامُ عَلَيْكُمْ	안녕하세요
السَّمَك	생선
السُّوق	시장
السِّيَاحِي	관광의
السَّيَّارَة	자동차
السِّينِمَا	영화관
الشَّارِع	길
الشِّتَاء	겨울
الصَّخْر	바위
الصَّيْدَلِي	약사
الصَّيْف	여름
الطَّائِرَة	비행기
الطَّابِق	층
الطَّبِيب	의사
العَاشِر	열 번째
العَاشِرَة	열 번째(여)
العِرَاق	이라크
العَمَل	일
الغُرُوب	일몰
الفُسْتَان	드레스
الفُنْدُق	호텔
القِرَاءَة	독서, 읽기
القِطَار	기차
القَمِيص	셔츠
اللَّوْن	색깔
المَتْحَف الوَطَنِي	국립박물관
المُحَامِي	변호사
المَدْرَسَة	학교
المُرْشِدُ السِّيَاحِيُّ	관광안내원
المَسْبَح	수영장
المُسْتَشْفَى	병원
المَطَار	공항
المَغْرِب	모로코
المَقَاس	사이즈
المَكْتَبَة	도서관
المَنْسَف	만사프(요르단 전통음식)
النُّقُود	돈
الوَاجِب	숙제
الوَاحِدة	첫 번째(여)
الوَاحِدَة	1시
الوَقْت	시간
اليَوْم	요일
اليَوْم الأَوَّل	첫째 날

اِهْدَئِي	(대상이 여자일 때) 진정하세요

ب

بِـ	~로
بَارِد	추운, 차가운
بِجَانِبِ	옆
بِخَيْر	잘
بَطْن	배
بَطْنِي	나의 배
بَطِيء	느리다
بَعْدَ	후에
بَعِيد	먼
بَقِيَ	머물다
بِكَعْب	굽이 있는
بِكَمْ؟	얼마?
بِنْطَال	바지
بُنِي	갈색
بَيْت	집

ت

تَأْكُلُ	먹다(미완료형, 3인칭, 남)
تَارِيخ	날짜, 역사
تُحِبُّ	좋아하다(미완료형, 2인칭, 남)
تُحِبِّينَ	좋아하다(미완료형, 2인칭, 여)
تَحْتَ	밑
تَذْهَبُ	가다(미완료형, 2인칭, 남)
تَذْهَبِينَ	가다(미완료형, 2인칭, 여)
تُرِيدُ	원하다(미완료형, 2인칭, 남)
تُرِيدِينَ	원하다(미완료형, 2인칭, 여)
تِسْعَة	아홉
تَشْرَبُ	마시다(미완료형, 2인칭, 남)
تَعْبَان	피곤한
تَعْنِي	의미하다
تَفَضَّلْ	자 ~하십시오
تَفَضَّلْ، تَفَضَّلِي	자 ~하십시오(남, 여)
تَمَامًا	정확히, 정각

ث

ثَلَاثَة	3
ثَمَانِيَة	8

ج

جَاف	건조한
جُبْن	치즈
جَدٌّ	할아버지
جِدًّا	너무
جَدَّة	할머니
جَدِيد	새로운
جَمْع الطَوابِع	우표수집
جَمِيل	아름다운 / 예쁜
جَمِيلَة	아름다운 / 예쁜(여)

단어집

جَوْرَب	양말
جَوْعَان	배고픈

ح

حَارّ	매운 / 더운
حَالاً	당장
حَامِض	시큼한
حَتَّى سَاعَة مُتَأَخِرَة	늦게까지
حِذَاء	신발 / 구두
حِذَاء رِيَاضِي	운동화
حَرَارَتِي مُرْتَفِعَة	열이 높아요
حِزَام	벨트
حَقِيبَة	가방
حُلْو	달콤한
حُلْوَة	달콤한(여)
حَلِيب	우유
حُمَّى	열

خ

خُبْز	빵
خَلْفَ	뒤
خَمْسَة	5

د

دَافِئ	따뜻한
دَجَاج	닭 / 닭고기
دَفْتَر	공책
دَنَانِير	디나르(화폐, 복수형)
دِيسِمبِر	12월
دِينَار	디나르(화폐, 단수형)

ذ

ذَاهِب	가는
ذَاهِبَة	가는(여)
ذَهَبَ	가다(완료형, 3인칭, 남)

ر

رَأْس	머리
رَبَّة بَيْت	주부
رَجُل	남자
رَطِب	습하다
رَقْم	번호
رَكِبَ	타다

ز

زُكَام	감기

س

سُؤَال	질문
سَاعَة	시계, 시간
سَاعِد	팔
سَافَرَ	여행했다(완료형, 3인칭, 남)
سَافَرْتِ	여행했다(완료형, 2인칭, 여)
سَافَرْتَ	너는 여행했다(남, 완료형)
سِبْتَمبَر	9월
سَبْعَة	7
سِتَّة	6
سَرِيع	빠른
سِعْرُ	가격
سَلَامَتك	쾌차하세요
سَلَطَة	샐러드
سَمَك	생선
سَنَة	년
سَهْل	쉬운

ش

شَاهَدَ	(TV, 영화 등을) 보다 (완료형, 3인칭, 남)
شَعْر	머리카락
شُكْرًا جَزِيلاً	대단히 감사합니다

ص

صَبَاحًا	아침에
صَحْو	맑다
صُدَاع	두통
صَدْر	가슴
صَدِيقَتِي	나의 여자친구
صَرْف (النُّقُودِ)	환전
صَعْب	어려운
صَغِير ، صَغِيرَة	작은(남, 여)
صِفْر	0
صُورَة	사진

ض

ضَيِّقٌ / ضَيِّقَة	(옷이) 작은, 답답한

ط

طَالِب	남학생
طَالِبَة	여학생
طَبِيب	의사
طَوِيل	긴
ظَهْر	등

ع

عَالَمِي	국제적인
عَالِي	높다

عَرَبِي	아랍 사람, 아랍의
عَشَرَة	10
عَطْشَان	목마른
عَفْوًا	천만에요
عَلَى	위
عَم (عَمِّي)	삼촌
عَنْ	~에 대해
عِنْدَك	너에게 있다
عِنْدَه	그에게 있다
عِنْدَها	그녀에게 있다
عِنْدِي	나에게 있다
عِنْدِي أَلَم	아파요
عَيْن	눈

غ

غَائِم	흐리다
غَدًا	내일
غُرْفَة	방
غَيْر مُنَاسِب / غَيْر مُنَاسِبَة	어울리지 않는 적합하지 않은(남 / 여)

ف

فَارِغَة	빈
فِبْرَايِر	2월
فَجْرًا	새벽
فُرْصَة سَعِيدَة	만나서 반갑다
فَطِيرَة	파이
فِكْرَة جَمِيلَة	좋은 생각
فِلَسْطِين	팔레스타인
فَم	입
فِي	~에
فِي الْيَوْم	하루에

ق

قَالَ	말하다(완료형, 3인칭, 남)
قُبَّعَة	모자
قَدَم	발
قَرِيب	가까운
قَصِير	짧은(남)
قَصِيرَة	짧은(여)
قَطَر	카타르
قَلْب	심장, 마음
قَلَم	펜
قَلِيل	작은, 약간의
قَلِيلًا	조금
قَمِيص	셔츠

ك

كَباب 케밥

كَبِير ،كَبِيرَة 큰(남, 여)

كِتاب 책

كَتَبْتُ 쓰다(완료형, 1인칭)

كَثِيرًا 많이

كُرَة القَدَم 축구

كُرْسِيّ 의자

كَلِمَة 단어

كَمْ؟ 얼마?

كُورِي 한국의, 한국 사람

كُورِيَا 한국

كَيْفَ 어떻게

كَيْفَ الحَالُ؟ 어떻게 지내요?

ل

لِـ ~을 위해

لَا 아니요

لَا بَأْس 괜찮아요

لَا تَقْلَق 걱정마요

لَا يُنَاسِبُك 너에게 어울리지 않다

لَا يُوجَد 없다

لَحْظَة وَاحِدَة 잠시만요

لَذِيذ 맛있는

لَسْتُ / لَسْتَ 아니다(단수 1인칭, 2인칭 남성)

لَسْتُمْ 아니다(복수, 2인칭, 남)

لَسْتُمَا 아니다(쌍수, 2인칭)

لَسْتُنَّ 아니다(복수, 2인칭, 여)

لَسْنَ 아니다(복수, 3인칭, 여)

لَسْنَا 아니다(복수, 1인칭)

لَطِيف 친절하다

لِمَاذَا 왜

لَو سَمَحْت 실례합니다

لَيْسَ 아니다(단수, 3인칭, 남)

لَيْسَ عِنْدِي 나에게 없다

لَيْسَا 아니다(쌍수, 3인칭, 남)

لَيْسَتْ 아니다(단수, 3인칭, 여)

لَيْسَتَا 아니다(쌍수, 3인칭, 여)

لَيْسُوا 아니다(복수, 3인칭, 남)

م

مَا 무엇

مَا بِكَ؟ 어디 아파요? / 무슨 일이에요?

مَا رَأْيُكِ؟ 어떻게 생각해요?

مَا طَلَبُكَ؟ 어떻게 도와드릴까요?

مَاء 물

مِائَة 100

مَاذَا 무엇

مَارِس 3월

مَالِح	짠
مَايُو	5월
مُتَرْجِم	번역사
مُتَرْجِمَة	번역사(여)
مُثْلِج	눈이 오는
مَحَطَّة البَاص	버스 정류장
مَحَطَّة المِتْرُو	전철역
مُدَرِّس	선생(남)
مُدَرِّسَة	선생(여)
مُدِير	교장
مَدِينَة	도시
مُرّ	(맛이) 쓴
مَرَّات	번, 횟수(복수)
مَرْحَبًا	안녕하세요
مَرِيض	아픈, 환자
مَسَاء	저녁(시간)
مُشَاهَدَة الأَفْلَام	영화감상
مَشْغُول	바쁜
مَشْغُولَة	바쁜(여성)
مُشْمِس	화창한
مِصْر	이집트
مِصْرِي	이집트의, 이집트 사람
مِصْعَد	엘리베이터
مَعَ	~와 함께
مُعَلِّم	선생(남)
مِفْتَاح	열쇠
مَكْتَب	사무실 / 책상
مَكْتَب البَرِيد	우체국
مُمْتِع	재미있는
مُمَرِّضَة	간호사
مُمْطِر	비 오는
مُمِل	재미없는, 지루한
مَنْ	누구
مِنْ	~에서
مُنَاسِب / مُنَاسِبَة	어울리는, 적합한
مُنْعِش	시원하다
مُهَنْدِس	기술자
مُوَظَّف	직원
مُوَظَّف الفُنْدُق	호텔 직원
مُوَظَّف بَنْك	은행 직원

ن

نَأْكُلُ	먹다(미완료형, 1인칭 복수)
نَحْنُ	우리
نَذْهَبُ	가다(미완료형, 1인칭 복수)
نُرِيدُ	원하다(미완료형, 1인칭 복수)
نَظَّارَة	안경
نَعَمْ	네
نَهْر	강
نُوفِمْبَر	11월

ه

هَذِهِ الأَيَّام	요즘
هَلْ	~입니까 / 습니까?
هُمْ	그들
هُمَا	그 두 명
هُنَّ	그녀들
هُنَا	여기
هُوَ	그는
هِوَايَة	취미
هِوَايَتُكِ، هِوَايَتُكَ	너의 취미(여, 남)
هِيَ	그녀는
هَيَّا، هَيَّا بِنَا	~하자, 가자

و

وَاحِد	1
وَاسِع / وَاسِعَة	넓은(남성, 여성)
وَالثُّلُث	20분
وَالرُّبْع	15분
وَالنِّصْف	30분
وخَمْسَة	5분
وَصْفَة العِلَاج	처방전
وَظِيفَة	직업
وَظِيفَتُك	너의 직업
وَعَشْرَة	10분
وَعَلَيْكُمُ السَّلَامُ	안녕하세요(대답)
وَقْت	시간
وَلَكِنْ	하지만

وَنِصْف إِلَّا خَمْسَة	25분
وَنِصْف وَخَمْسَة	35분

ي

يَأْتِي	오다(미완료형, 3인칭, 남)
يُؤْلِمُنِي	아프다(남)
يَا إِلَهِي	어머
يَبْقَى	머물다(미완료형, 3인칭, 남)
يُحِبُّ	좋아하다(미완료형, 3인칭, 남)
يَد	손
يَذْهَبُ	가다(미완료형, 3인칭, 남)
يُرِيدُ	원하다(미완료형, 3인칭, 남)
يَسَار	왼쪽
يَعْمَلُ	일하다(미완료형, 3인칭, 남)
يَلْتَقِي	만나다(미완료형, 3인칭, 남)
يَمِين	오른쪽
يَنَايِر	1월
يُوجَدُ	있다(미완료형, 3인칭, 남)
يُولْيُو	7월
يَوْمَانِ	이틀
يُونْيُو	6월

The 바른 아랍어

왕초보를 위한
쉽고 친절한 학습서

쓰기 연습

저자 | 마나르 알사라흐네

1 STEP

왕초보를 위한
쉽고 친절한 학습서

쓰기 연습

저자 | 마나르 알사라흐네

1 STEP

ECK Books

✖✖✖ The 바른 아랍어 쓰기 연습

<The 바른 아랍어 쓰기 워크북>은 입문 학습자의 보다 체계적인 기초 아랍어 공부를 돕고자 특별히 제작된 The 바른 아랍어 STEP1의 부속교재입니다. 보다 효율적으로 본 교재를 학습하기 위해 본 쓰기 교본을 마스터하고 본 학습에 들어갈 것을 권장합니다. 이는 알파벳을 읽고 쓸 줄 알아야 보다 빨리 회화를 익히고 문법 설명의 예문을 배울 수 있기 때문입니다.

본 쓰기 교본은 먼저 아랍어 쓰기의 유의사항을 간단히 배운 후 28개 알파벳에 대한 쓰기 연습으로 들어갈 수 있도록 구성되어 있습니다. 각 알파벳 학습에서 알파벳의 원형, 어두형, 어중형 그리고 어말형을 익힌 후, 단어 내에서 어떻게 쓰이며 모양이 변화되는지 익힐 수 있도록 단어 쓰기 연습을 추가하였습니다.

New The 바른 아랍어 Step1의 쓰기 워크북과 함께, 아랍어 쓰기의 기초를 "**탄탄하게**" 다져 보세요!

✖✖✖ 올바른 아랍어 쓰기를 위한 유의 사항

본격적인 아랍어 알파벳 쓰기 연습에 앞서, 아랍어 쓰기와 관련된 몇 가지 유의 사항에 대해 알아보겠습니다.

01 아랍어는 오른쪽에서 왼쪽으로 씁니다.

02 점을 가지고 있는 알파벳 ت, ن, ب 등은 점을 마지막에 찍습니다.

03 막대기를 가지고 있는 알파벳 ط, ظ 의 막대기도 마지막에 표기해야 합니다.

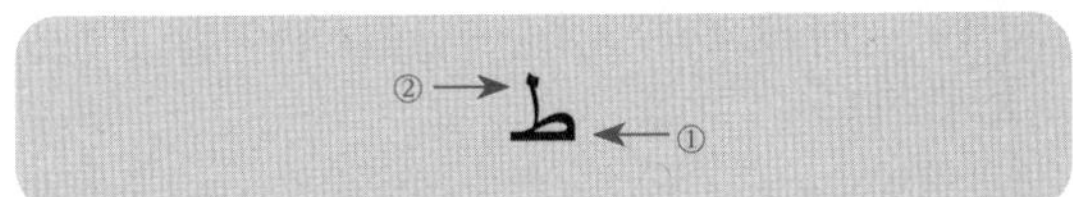

04 아랍어의 알파벳(독립형)은 어두, 어중, 어말 위치에 따라 형태가 달라집니다.

어말형	어중형	어두형	독립형
ـب	ـبـ	بـ	ب

▶▶▶ **꼭! 유의해 주세요!**

※ 아랍어의 단어는 아무리 많은 문자로 구성되어 있다 하더라도, 일반적으로 아래의 규칙을 엄수합니다.

- 첫 문자는 ①**어두형**
- 가운데 있는 것은 ②**어중형**
- 마지막 문자는 ③**어말형**

05 하지만 예외적으로, 아랍어를 이어 쓸 때 독립적으로 쓰이는 6개의 알파벳(분리 문자)들이 있습니다.

أ، د، ذ، ر، ز، و

06 5번 분리 문자들 뒤에 오는 알파벳은 꼭 "어두형" 으로 써 주어야 합니다.
아래를 보면, (أ) 뒤에 (خ)가 어중이 아닌 어두형태로 표기한 것 보이시죠?

أخت = أ + خ + ت

위에 열거된 기본적인 유의 사항에 대해 숙지하셨나요?
자, 그럼 이제 다음 장부터는 본격적으로 아랍어 알파벳 쓰기를 연습해 보도록 하겠습니다.
마지막 알파벳까지, 포기하지 말고 꾸준히 연습해 보세요.

쓰기 연습

쓰기 연습 01

أ ālif

어말형	어중형	어두형	독립형
ـأ	ـأـ	أ	أ
مَرْفَأٌ	فَأْسٌ	أَسَدٌ	أَنَا
항구	도끼	사자	나

أ

أ

ـأـ

ـأ

أ의 단어 쓰기 연습

어두

독립형	أَ + رْ + نَ + بٌ
분해형	أَ + رْ + نـَ + ـبٌ
결합형	أَرْنَبٌ (토끼)

أَرْنَبٌ

어중

독립형	مَ + نَ + ا + رٌ
분해형	مـَ + ـنـَ + ـا + رٌ
결합형	مَنَارٌ (등대)

مَنَارٌ

어말

독립형	عَ + صَ + ا
분해형	عـَ + ـصَـ + ـا
결합형	عَصًا (막대기)

عَصًا

쓰기 연습 02

ب bā’

어말형	어중형	어두형	독립형
ـب	ـبـ	بـ	ب
سَبَبٌ	أُسْبُوعٌ	بَيْتٌ	كِتَابٌ
이유	일주일	집	책

ب

بـ

ـبـ

ـب

ب 의 단어 쓰기 연습

어두

독립형	بَ + ا + بٌ
분해형	بـَ + ـا + ـبٌ
결합형	بَابٌ (문)

بَابٌ

어중

독립형	مَ + كْ + تَ + بَ + ةٌ
분해형	مـَ + ـكْـ + ـتـَ + ـبـَ + ـةٌ
결합형	مَكْتَبَةٌ (도서관, 서점)

مَكْتَبَةٌ

어말

독립형	مَ + كْ + تَ + بٌ
분해형	مـَ + ـكْـ + ـتـَ + ـبٌ
결합형	مَكْتَبٌ (책상, 사무실)

مَكْتَبٌ

ت tā'

어말형	어중형	어두형	독립형
ـت	ـتـ	تـ	ت
لَيْسَتْ	أُسْتَاذٌ	تَذْهَبُ	أُخْتٌ
~아니다(완료형, 3인칭, 여)	교수님	가다(2인칭)	누나, 언니, 여동생

ت

تـ

ـتـ

ـت

ت 의 단어 쓰기 연습

어두

독립형	ت + ف + ا + ح
분해형	تـ + ـفـ + ـا + ح
결합형	تُفَّاحٌ (사과)

تُفَّاحٌ

어중

독립형	أ + س + ت + ا + ذ
분해형	أ + سـ + ـتـ + ـا + ذ
결합형	أُسْتَاذٌ (교수님)

أُسْتَاذٌ

어말

독립형	ب + ي + ت
분해형	بـ + ـيـ + ـت
결합형	بَيْتٌ (집)

بَيْتٌ

ث thā’

어말형	어중형	어두형	독립형
ـث	ـثـ	ثـ	ث
مُثَلَّثٌ	كَثِيرٌ	ثَمَنٌ	أَثَاثٌ
삼각형	많은	가격	가구

ث

ثـ

ـثـ

ـث

ث의 단어 쓰기 연습

어두

독립형	ثَ + عْ + لَ + بٌ
분해형	ثَـ + ـعْـ + ـلَـ + ـبٌ
결합형	ثَعْلَبٌ (여우)

ثَعْلَبٌ

어중

독립형	ا + ل + ثَّ + مَ + رُ
분해형	ا + لـ + ـثَّـ + ـمَـ + ـرُ
결합형	اَلثَّمَرُ (열매)

اَلثَّمَرُ

어말

독립형	مُ + ثَ + لَّ + ثٌ
분해형	مُـ + ـثَـ + ـلَّـ + ـثٌ
결합형	مُثَلَّثٌ (삼각형)

مُثَلَّثٌ

ج jim

어말형	어중형	어두형	독립형
ـج	ـجـ	جـ	ج
ثَلْجٌ	الجَوُّ	جَبَلٌ	مَوْجٌ
눈	날씨	산	파도

ج

جـ

ـجـ

ـج

ج 의 단어 쓰기 연습

어두

독립형 جَ + وْ + عَ + ا + نُ

분해형 جـَ + ـوْ + عـَ + ـا + ـنُ

결합형 جَوْعَانُ (배고픈)

جَوْعَانُ

어중

독립형 ا + لْ + جَ + وُّ

분해형 ا + لـ + ـجـَ + ـوُّ

결합형 الجَوُّ (날씨)

الجَوُّ

어말

독립형 ثَ + لْ + جٌ

분해형 ثـَ + ـلْـ + ـجٌ

결합형 ثَلْجٌ (눈)

ح ḫā’

어말형	어중형	어두형	독립형
ـح	ـحـ	حـ	ح
فَتَحَ	مُحَمَّدٌ	حَسَنٌ	صَبَاحٌ
열다	남자 이름(무함마드)	남자 이름(하싼)	아침

ح

حـ

ـحـ

ـح

ح 의 단어 쓰기 연습

어두

독립형 ح َ + ا + رٌّ

분해형 حـَ + ـا + ـرٌّ

결합형 حَارٌّ (더운)

حَارٌّ

어중

독립형 مَ + رْ + حَ + بً + ا

분해형 مـَ + ـرْ + حـَ + ـبـً + ـا

결합형 مَرْحَبًا (안녕하세요)

مَرْحَبًا

어말

독립형 مَ + سْ + بَ + حٌ

분해형 مـَ + ـسْـ + ـبـَ + ـحٌ

결합형 مَسْبَحٌ (수영장)

مَسْبَحٌ

쓰기 연습 07

خ khā'

어말형	어중형	어두형	독립형
ـخ	ـخـ	خـ	خ
شَيْخٌ	مَخْبَزٌ	خُبْزٌ	أَخٌ
어르신, 노인	빵집	빵	형, 남동생, 오빠

خ

خـ

ـخـ

ـخ

خ 의 단어 쓰기 연습

어두

독립형 خَ + سٌّ

분해형 خـَ + ـسٌّ

결합형 خَسٌّ (상추)

خَسٌّ

어중

독립형 مَ + خْ + بَ + زٌ

분해형 مـَ + ـخْـ + ـبَـ + ـزٌ

결합형 مَخْبَزٌ (빵집)

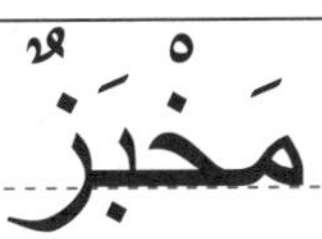

어말

독립형 بَ + طِّ + ي + خٌ

분해형 بـَ + ـطِّـ + ـيـ + ـخٌ

결합형 بَطِّيخٌ (수박)

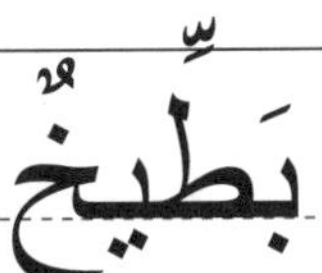

쓰기 연습 08

د dāl

어말형	어중형	어두형	독립형
ـد	ـدـ	دـ	د
جَيِّدٌ	مَدْرَسَةٌ	دَارٌ	وَرْدٌ
좋은	학교	집	꽃

د

دـ

ـدـ

ـد

د의 단어 쓰기 연습

어두

독립형 دَ + جَ + ا + جٌ

분해형 دَ + جـَ + ـا + جٌ

결합형 دَجَاجٌ (닭)

دَجَاجٌ

어중

독립형 مُ + دِ + ي + رٌ

분해형 مـُ + ـدِ + يـ + ـرٌ

결합형 مُدِيرٌ (사장)

مُدِيرٌ

어말

독립형 مَ + سْ + جِ + دٌ

분해형 مـَ + ـسْـ + ـجِـ + ـدٌ

결합형 مَسْجِدٌ (사원)

مَسْجِدٌ

ذ dhāl

어말형	어중형	어두형	독립형
ـذ	ـذـ	ذـ	ذ
لَذِيذٌ	جَذْرٌ	ذُرَةٌ	أُذْنٌ
맛있는	뿌리	옥수수	귀

ذ

ذـ

ـذـ

ـذ

ذ의 단어 쓰기 연습

어두

독립형	ذِ + رَ + ا + عٌ
분해형	ذِ + رَ + ا + عٌ
결합형	ذِرَاعٌ (팔)

ذِرَاعٌ

어중

독립형	جَ + ذْ + رٌ
분해형	جَـ + ـذْ + رٌ
결합형	جَذْرٌ (뿌리)

جَذْرٌ

어말

독립형	قُ + نْ + فُ + ذٌ
분해형	قُـ + ـنْـ + ـفُـ + ـذٌ
결합형	قُنْفُذٌ (고슴도치)

قُنْفُذٌ

쓰기 연습 10

ر rā’

어말형	어중형	어두형	독립형
ـر	ـرـ	رـ	ر
قَصْرٌ	كُرْسِيٌّ	رَجُلٌ	خُضَارٌ
궁전	의자	남자	야채

ر

رـ

ـرـ

ـر

ر의 단어 쓰기 연습

어두

독립형 رُ + مَّ + ا + نٌ
분해형 رُ + مّـَ + ـا + نٌ
결합형 رُمَّانٌ (석류)

رُمَّانٌ

어중

독립형 بُ + رْ + جٌ
분해형 بُـ + ـرْ + جٌ
결합형 بُرْجٌ (탑)

بُرْجٌ

어말

독립형 فَ + جْ + رٌ
분해형 فَـ + ـجْـ + ـرٌ
결합형 فَجْرٌ (새벽)

فَجْرٌ

ز zāy

어말형	어중형	어두형	독립형
ـز	ـزـ	زـ	ز
خُبْزٌ	جَزَرٌ	زَرَافَةٌ	كَرَزٌ
빵	당근	기린	체리

ز

زـ

ـزـ

ـز

ز의 단어 쓰기 연습

어두

독립형	زَ + يْ + تٌ
분해형	زَ + ـيْـ + ـتٌ
결합형	زَيْتٌ (기름)

زَيْتٌ

어중

독립형	جَ + زَ + رٌ
분해형	جـَ + ـزَ + ـرٌ
결합형	جَزَرٌ (당근)

جَزَرٌ

어말

독립형	خُ + بْ + زٌ
분해형	خُـ + ـبْـ + ـزٌ
결합형	خُبْزٌ (빵)

쓰기 연습 12

س sin

어말형	어중형	어두형	독립형
ـس	ـسـ	سـ	س
عَرِيسٌ	نَسْرٌ	سُوقٌ	ضِرْسٌ
신랑	독수리	시장	어금니

س

ـسـ

سـ

ـس

س 의 단어 쓰기 연습

어두

독립형	سَ + يْ + يَ + ا + رَ + ةٌ
분해형	سَـ + ـيْـ + ـيَـ + ـا + ـرَ + ةٌ
결합형	سَيَّارَةٌ (자동차)

سَيَّارَةٌ

어중

독립형	مَ + سْ + جِ + دٌ
분해형	مَـ + ـسْـ + ـجِـ + ـدٌ
결합형	مَسْجِدٌ (사원)

مَسْجِدٌ

어말

독립형	عَ + رِ + ي + سٌ
분해형	عَـ + ـرِ + يـ + ـسٌ
결합형	عَرِيسٌ (신랑)

عَرِيسٌ

ش shin

어말형	어중형	어두형	독립형
ـش	ـشـ	شـ	ش
عُشٌّ	حَشَرَةٌ	شَمْسٌ	رُمُوشٌ
둥지	곤충	태양	속눈썹

ش

ـشـ

شـ

ـش

ش 의 단어 쓰기 연습

어두

독립형 شَ + ا + رِ + عٌ
분해형 شَـ + ـا + رِ + عٌ
결합형 شَارِعٌ (길)

شَارِعٌ

어중

독립형 مُ + شْ + طٌ
분해형 مُـ + ـشْـ + ـطٌ
결합형 مُشْطٌ (빗)

مِشْطٌ

어말

독립형 رِ + ي + شٌ
분해형 رِ + يـ + ـشٌ
결합형 رِيشٌ (깃털)

رِيشٌ

쓰기 연습 14

ص ṣād

어말형	어중형	어두형	독립형
ـص	ـصـ	صـ	ص
قَمِيصٌ	مِصْبَاحٌ	صَقْرٌ	صُوصٌ
셔츠	등불	매	병아리

ص

صـ

ـصـ

ـص

ص의 단어 쓰기 연습

어두

독립형 ص + نْ + دُ + و + قٌ

분해형 صُـ + ـنْـ + ـدُ + و + قٌ

결합형 صُنْدُوقٌ (상자)

صُنْدُوقٌ

어중

독립형 بَ + صَ + لٌ

분해형 بَـ + ـصَـ + ـلٌ

결합형 بَصَلٌ (양파)

بَصَلٌ

어말

독립형 صُ + و + صٌ

분해형 صُـ + ـو + صٌ

결합형 صُوصٌ (병아리)

صُوصٌ

쓰기 연습 15

ض ḏād

어말형	어중형	어두형	독립형
ـض	ـضـ	ضـ	ض
بَيْضٌ	خُضَارٌ	ضَابِطٌ	قَرْضٌ
계란	야채	장교	대출

ض

ضـ

ـضـ

ـض

ض의 단어 쓰기 연습

어두

독립형	ضَ + يْ + فٌ
분해형	ضَـ + ـيْـ + ـفٌ
결합형	ضَيْفٌ (손님)

ضَيْفٌ

어중

독립형	خُ + ضَ + ا + رٌ
분해형	خُـ + ـضَـ + ـا + رٌ
결합형	خُضَارٌ (야채)

خُضَارٌ

어말

독립형	بَ + يْ + ضٌ
분해형	بَـ + ـيْـ + ـضٌ
결합형	بَيْضٌ (계란)

بَيْضٌ

쓰기 연습 16

ط ṯā’

어말형	어중형	어두형	독립형
ـط	ـطـ	طـ	ط
خَطٌّ	بَطَّةٌ	طَالِبٌ	وُطْوَاطٌ
서체	오리	남학생	박쥐

ط

ـط

ـطـ

طـ

✖✖✖ ط의 단어 쓰기 연습

어두

독립형 طَ + ا + وُ + و + سٌ

분해형 طَـ + ـا + وُ + و + سٌ

결합형 طَاوُوسٌ (공작)

طَاوُوسٌ

어중

독립형 مَ + طْ + بَ + خٌ

분해형 مَـ + ـطْـ + ـبَـ + ـخٌ

결합형 مَطْبَخٌ (주방)

مَطْبَخٌ

어말

독립형 قِ + طٌّ

분해형 قِـ + ـطٌّ

결합형 قِطٌّ (고양이)

قِطٌّ

쓰기 연습 17

ظ ẓā’

어말형	어중형	어두형	독립형
ـظ	ـظـ	ظـ	ظ
حَظٌّ	عَظْمَةٌ	ظَرْفٌ	لَفْظٌ
행운	뼈	봉투	발음

ظ

ـظـ

ـظ

ظـ

ظ의 단어 쓰기 연습

어두

독립형 ظَ + رْ + فٌ

분해형 ظَـ + ـرْ + فٌ

결합형 ظَرْفٌ (봉투)

ظَرْفٌ

어중

독립형 مِ + نْ + ظَ + ا + رٌ

분해형 مِـ + ـنْـ + ـظَـ + ـا + رٌ

결합형 مِنْظَارٌ (망원경)

مِنْظَارٌ

어말

독립형 لَ + فْ + ظٌ

분해형 لَـ + ـفْـ + ـظٌ

결합형 لَفْظٌ (발음)

لَفْظٌ

쓰기 연습 18

ع ain

어말형	어중형	어두형	독립형
ـع	ـعـ	عـ	ع
رَبِيعٌ	ثُعْبَانٌ	عِنَبٌ	مُزَارِعٌ
봄	뱀	포도	농부

ع

عـ

ـعـ

ـع

ع 의 단어 쓰기 연습

어두

독립형	عُ + صْ + فُ + و + رٌ
분해형	عُـ + ـصْـ + ـفُـ + ـو + رٌ
결합형	عُصْفُورٌ (새)

عُصْفُورٌ

어중

독립형	مِ + لْ + عَ + قَ + ةٌ
분해형	مِـ + ـلْـ + ـعَـ + ـقَـ + ـةٌ
결합형	مِلْعَقَةٌ (숟가락)

مِلْعَقَةٌ

어말

독립형	مَ + صْ + نَ + عٌ
분해형	مَـ + ـصْـ + ـنَـ + ـعٌ
결합형	مَصْنَعٌ (공장)

مَصْنَعٌ

쓰기 연습 19

غ ghain

어말형	어중형	어두형	독립형
ـغ	ـغـ	غـ	غ
رُسْغٌ	بَبَّغَاءٌ	غَابَةٌ	فَرَاغٌ
손목	앵무새	숲	공간, 빈칸

غ

غـ

ـغـ

ـغ

غ의 단어 쓰기 연습

어두

독립형	غَ + زَ + ا + لٌ
분해형	غـَ + ـزَ + ا + لٌ
결합형	غَزَالٌ (사슴)

غَزَالٌ

어중

독립형	ا + ل + مَ + غْ + رِ + بُ
분해형	ا + لـ + ـمَـ + ـغْـ + ـرِ + بُ
결합형	المَغْرِبُ (모로코)

المَغْرِبُ

어말

독립형	رُ + سْ + غٌ
분해형	رُ + سْـ + ـغٌ
결합형	رُسْغٌ (손목)

رُسْغٌ

쓰기 연습 20

ف fā’

어말형	어중형	어두형	독립형
ـف	ـفـ	فـ	ف
خَفِيفٌ	مِفْتَاحٌ	فِيلٌ	ظَرْفٌ
가벼운	열쇠	코끼리	봉투

ف

فـ

ـفـ

ـف

ف의 단어 쓰기 연습

어두

독립형 فَ + أْ + رٌ

분해형 فَـ + ـأْ + رٌ

결합형 فَأْرٌ (쥐)

فَأْرٌ

어중

독립형 قُ + فْ + لٌ

분해형 قُـ + ـفْـ + ـلٌ

결합형 قُفْلٌ (자물쇠)

قُفْلٌ

어말

독립형 هَ + ا + تِ + فٌ

분해형 هَـ + ـا + تِـ + ـفٌ

결합형 هَاتِفٌ (전화기)

ق qāf

어말형	어중형	어두형	독립형
ـق	ـقـ	قـ	ق
إِبْرِيقٌ	مِقْلَاةٌ	قَلَمٌ	بَرْقُوقٌ
주전자	프라이팬	연필, 볼펜	자두

ق

قـ

ـقـ

ـق

ق의 단어 쓰기 연습

어두

독립형 قَ + ا + رِ + بٌ

분해형 قـَ + ـا + ـرِ + ـبٌ

결합형 قَارِبٌ (작은 배, 보트)

قَارِبٌ

어중

독립형 بُ + رْ + تُ + قَ + ا + ةٌ

분해형 بـُ + ـرْ + ـتُـ + ـقَـ + ـا + لَـ + ـةٌ

결합형 بُرْتُقَالَةٌ (오렌지 한 개)

بُرْتُقَالَةٌ

어말

독립형 طَ + رِ + ي + قٌ

분해형 طَـ + ـرِ + ـيـ + ـقٌ

결합형 طَرِيقٌ (길)

طَرِيقٌ

쓰기 연습 22

ك kāf

어말형	어중형	어두형	독립형
ـك	ـكـ	كـ	ك
دِيكٌ	مَكْتَبَةٌ	كِتَابٌ	مَبْرُوكٌ
수탉	도서관	책	축하합니다

ك

كـ

ـكـ

ـك

ك의 단어 쓰기 연습

어두

독립형: كَ + عْ + كَ + ةٌ

분해형: كَـ + ـعْـ + ـكَـ + ـةٌ

결합형: كَعْكَةٌ (케이크)

كَعْكَةٌ

어중

독립형: مَ + كْ + تَ + بٌ

분해형: مَـ + ـكْـ + ـتَـ + ـبٌ

결합형: مَكْتَبٌ (책상, 사무실)

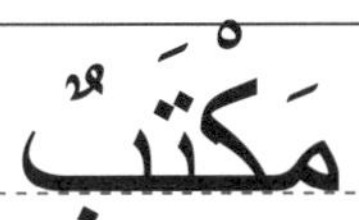

어말

독립형: بَ + نْ + كٌ

분해형: بَـ + ـنْـ + ـكٌ

결합형: بَنْكٌ (은행)

بَنْكٌ

쓰기 연습 23

ل lām

어말형	어중형	어두형	독립형
ـل	ـلـ	لـ	ل
جَمَلٌ	مَلْعَبٌ	لَوْحٌ	مَالٌ
낙타	운동장	칠판	돈

ل

لـ

ـلـ

ـل

ل의 단어 쓰기 연습

어두

독립형 لَ + يْ + مُ + و + نٌ

분해형 لَـ + ـيْـ + ـمُـ + ـو + نٌ

결합형 لَيْمُونٌ (레몬)

لَيْمُونٌ

어중

독립형 مَ + لْ + عَ + بٌ

분해형 مَـ + ـلْـ + ـعَـ + ـبٌ

결합형 مَلْعَبٌ (운동장)

مَلْعَبٌ

어말

독립형 فُ + و + لٌ

분해형 فُـ + ـو + ـلٌ

결합형 فُولٌ (콩)

فُولٌ

م mim

어말형	어중형	어두형	독립형
ـم	ـمـ	مـ	م
رَقْمٌ	نَمْلَةٌ	مَكَانٌ	حَمَّامٌ
번호	개미	장소	화장실

م

مـ

ـمـ

ـم

م의 단어 쓰기 연습

어두

독립형	مَ + وْ + زٌ
분해형	مـَ + ـوْ + زٌ
결합형	مَوْزٌ (바나나)

مَوْزٌ

어중

독립형	شَ + مْ + سٌ
분해형	شـَ + ـمْـ + ـسٌ
결합형	شَمْسٌ (태양)

شَمْسٌ

어말

독립형	سُ + لْ + لَ + مٌ
분해형	سُـ + ـلَّـ + ـمٌ
결합형	سُلَّمٌ (계단)

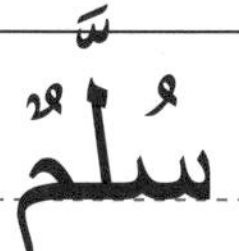

쓰기 연습 25

ن nun

어말형	어중형	어두형	독립형
ـن	ـنـ	نـ	ن
دِينٌ	مَنْزِلٌ	نَحْلَةٌ	زَيْتُونٌ
종교	집	꿀벌	올리브

ن

نـ

ـنـ

ـن

ن의 단어 쓰기 연습

어두

독립형 نَ + خْ + لَ + ةٌ

분해형 نـَ + ـخْـ + ـلَـ + ـةٌ

결합형 نَخْلَةٌ (대추야자 나무)

نَخْلَةٌ

어중

독립형 أُ + غْ + نِ + يَ + ةٌ

분해형 أُ + غْـ + ـنِـ + ـيَـ + ـةٌ

결합형 أُغْنِيَةٌ (노래)

أُغْنِيَةٌ

어말

독립형 حَ + زِ + ي + نٌ

분해형 حَـ + ـزِ + يـ + ـنٌ

결합형 حَزِينٌ (슬픈)

쓰기 연습 26

ه hā’

어말형	어중형	어두형	독립형
ـه	ـهـ	هـ	ه
وَجْهٌ	سَهْمٌ	هَاتِفٌ	مِيَاهٌ
얼굴	화살	전화기	물(복수)형

ه

هـ

ـهـ

ـه

ه의 단어 쓰기 연습

어두

독립형 هَ + رَ + مٌ

분해형 هـَ + ـرَ + ـمٌ

결합형 هَرَمٌ (피라미드)

هَرَمٌ

어중

독립형 فَ + هْ + دٌ

분해형 فـَ + ـهْـ + ـدٌ

결합형 فَهْدٌ (치타)

فَهْدٌ

어말

독립형 وَ + جْ + هٌ

분해형 وَ + جْـ + ـهٌ

결합형 وَجْهٌ (얼굴)

وَجْهٌ

쓰기 연습 27

و wāw

어말형	어중형	어두형	독립형
ـو	ـو-	و-	و
حُلْوٌ	خَوْخٌ	وِسَادَةٌ	جَرْوٌ
단(맛)	복숭아	베개	강아지

و

و-

-ـو-

ـو

و의 단어 쓰기 연습

어두

독립형 وَ + لَ + دٌ

분해형 وَ + لَـ + ـدٌ

결합형 وَلَدٌ (소년)

وَلَدٌ

어중

독립형 عُ + صْ + فُ + و + رٌ

분해형 عُـ + ـصْـ + ـفُـ + ـو + ـرٌ

결합형 عُصْفُورٌ (새)

عُصْفُورٌ

어말

독립형 جَ + وٌّ

분해형 جَـ + ـوٌّ

결합형 جَوٌّ (날씨)

쓰기 연습 28

ي yā’

어말형	어중형	어두형	독립형
ـي	ـيـ	يـ	ي
عَلِيٌّ	بَطِّيخٌ	يَدٌ	وَادِي
남자 이름 (알리)	수박	손	계곡

ي

يـ

ـيـ

ـي

ي 의 단어 쓰기 연습

어두

독립형 يَ + خْ + تٌ

분해형 يـَ + ـخْـ + ـتٌ

결합형 يَخْتٌ (요트)

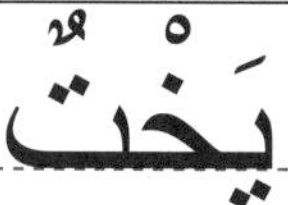

어중

독립형 صَ + يْ + فٌ

분해형 صـَ + ـيْـ + ـفٌ

결합형 صَيْفٌ (여름)

صَيْفٌ

어말

독립형 اِ + سْ + مِ + ي

분해형 اِ + سْـ + ـمِـ + ـي

결합형 اِسْمِي (나의 이름)

The 바른 이어 쓰기 연습

ببب

تتت

ثثث

ججج

سسس

صصص

ططط

ععع

غغغ

ففف

ككك

للل

ممم

ننن

ههه

ييي

The 바른 아랍어 1 STEP

The 바른 아랍어 시리즈로
체계적인 아랍어 학습을 경험해 보세요.